TraumReisen

TraumReisen

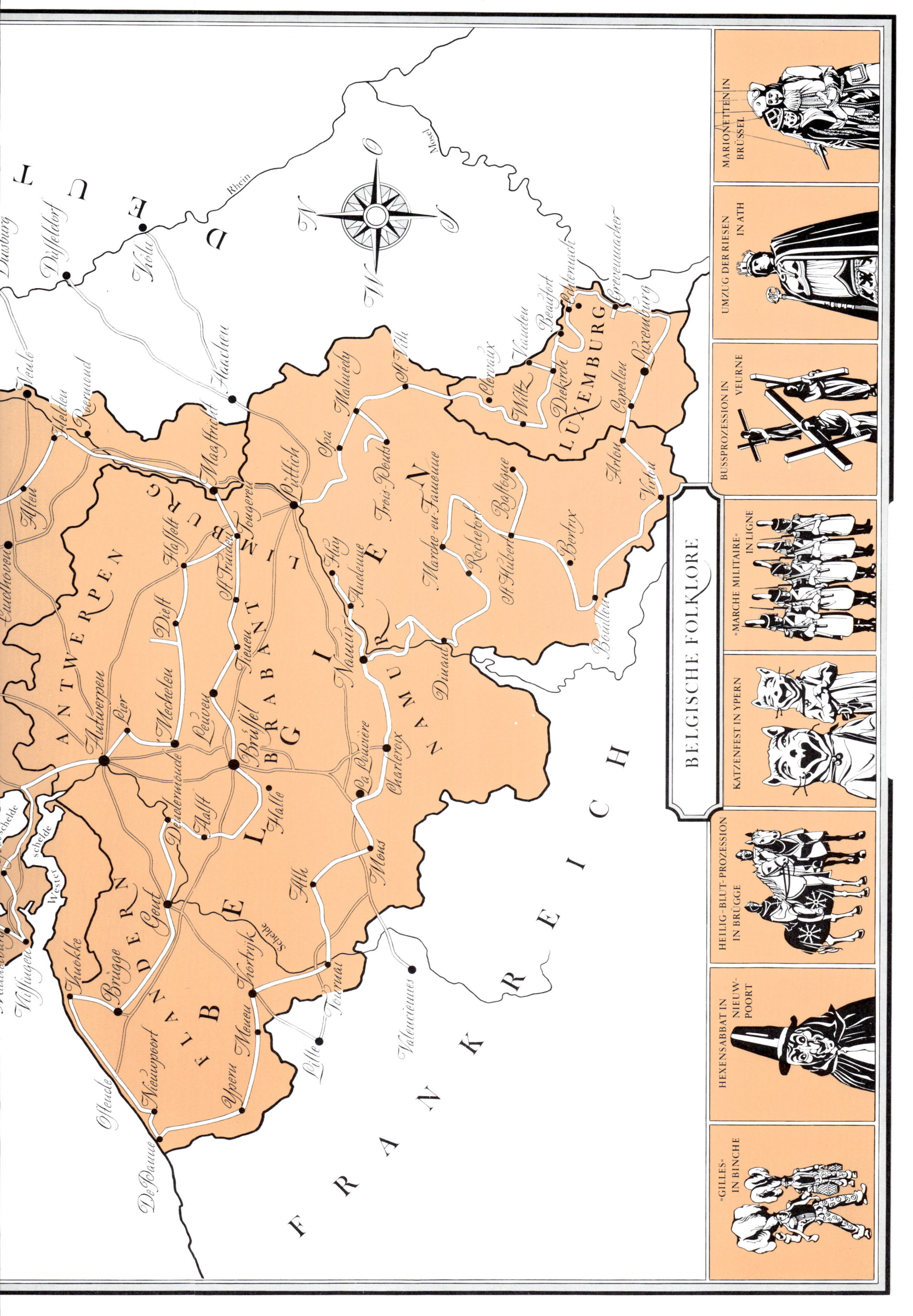

BELGISCHE FOLKLORE

MARIONETTEN IN BRÜSSEL

UMZUG DER RIESEN IN ATH

BUSSPROZESSION IN VEURNE

"MARCHE MILITAIRE" IN LIGNE

KATZENFEST IN YPERN

HEILIG-BLUT-PROZESSION IN BRÜGGE

HEXENSABBAT IN NIEUW-POORT

"GILLES" IN BINCHE

TraumReisen

Die schönsten Routen Belgiens, der Niederlande und Luxemburgs

Verlag Das Beste Stuttgart · Zürich · Wien

Mit 101 Farbbildern nach Fotos von Ursula Pfistermeister
Folgende Museen und Institutionen gaben freundlicherweise ihre
Fotografiererlaubnis:
Bild 42   Gaasbeek, Schloß, für den Wandteppich aus Tournai;
Bild 49   Brüssel, Musée Victor Horta;
Bild 56   Antwerpen, Wohnhaus P. P. Rubens;
Bild 77   Haarlem, Frans Hals Museum, für die Cloveniers-Schützengilde von
          Frans Hals;
Bild 89   Leeuwarden, Friesisches Museum, für das Hindeloopener Zimmer;
Bild 101 Maastricht, St. Servaaskerk, für den Servatiusschrein.
Die Fotos auf dem Schutzumschlag zeigen den Kanal bei Damme
(Vorderseite) und eine Szene vom Alkmaarer Käsemarkt (Rückseite).

Vorsatzkarte: Christl Aumann, Routenkarten im Textteil: Neuwirth-Bösch

© 1985 Sonderausgabe für den
Verlag Das Beste GmbH, Stuttgart
© 1980 Süddeutscher Verlag GmbH, München
Alle Rechte vorbehalten
Printed in Germany
ISBN 3 87070 248 6

Inhalt

Bilderverzeichnis

Vorwort

Für eine Fahrt durch die Benelux-Länder sollte man die Weite einer Landschaft mögen, in der nichts den Horizont verstellt. Man sollte den endlosen Himmel mögen mit seinen Wolken, immer anders, immer neu; das Licht, das so durchdringend kühl und klar sein kann und dann wieder sanft und weich, wie gefiltert durch zart wehende Schleier. Man sollte das Wasser mögen, die Bäche zwischen den waldigen Höhen Luxemburgs und der belgischen Ardennen, die Flüsse, die hell und weit oder pappelgesäumt unterwegs sind zur nächsten Stadt, die endlosen Kanäle zwischen dem endlosen Grün der Weiden Hollands und Frieslands, die Ströme Schelde, Maas und Waal voller Lastkähne und Schiffe, die Nordsee. Man sollte, vor allem in Belgien, ein Feinschmecker sein, offen den Genüssen des Gaumens und fähig, eine Mahlzeit mit Hingabe und viel Zeit zu zelebrieren. Und man sollte, und das vor allem, Freude haben an den Zeugnissen der Geschichte, an Architektur, an Kunst. Denn eine Fahrt durch Belgien und die Niederlande wird – auch wenn es die Wälder der Ardennen gibt, die Weite Frieslands, die herbe Einsamkeit Drenthes, die Heiden der Veluwe – doch in erster Linie eine Fahrt von Stadt zu Stadt sein, geprägt durch eine Geschichte von europäischer Bedeutung, durch Kunst von europäischer Bedeutung. Belgien, die Niederlande, Luxemburg, getrennt durch ihre Geschichte, verbunden durch ihre Geschichte, das sind kleine Länder. Aber sie sind groß in ihrer Bedeutung für die Ausbildung bürgerlicher Freiheiten und Rechte. Sie haben uns ein, zwei Jahrhunderte hindurch, im 12. in der Goldschmiedekunst des Maaslandes, im 15., besonders aber im 17. Jahrhundert in der Malerei, Unvergleichliches geschenkt.

Möglichkeiten, die Benelux-Länder kennenzulernen, gibt es viele. Auch andere als ich Ihnen vorschlage. Aber wir sind allein für dieses Buch, nach mancherlei früheren Fahrten, 18795 km unterwegs gewesen, haben viele Straßen ausprobiert, und ich glaube, ich kann Ihnen unsere 16 Routen guten Gewissens empfehlen. Wir haben Aachen als Ausgangs- und Endpunkt gewählt, die Stadt Karls des Großen, der als erster den Traum von der Einheit Europas träumte. Aber jedes der 16 Kapitel, von denen je eines den Städten Brüssel und Amsterdam gewidmet wurde,

ist soweit in sich abgeschlossen, daß jederzeit ein anderer Beginn, eine Abkürzung möglich ist. Sie werden ohnehin, da wir hin und wieder auch kleine, sehr kleine Straßen in unsere Fahrt einbezogen, auf eine gute Straßenkarte, etwa im Maßstab 1:250000, nicht verzichten können. Außerdem will Ihnen mein Text – er kann es schon aus Raummangel nicht – keinesfalls einen guten Reiseführer durch diese tatsächlich gerade an Kunstschätzen überreichen Länder ersetzen. Aber ich hoffe, er wird Ihnen vorher einen Begriff geben von dem was Sie erwartet, Ihnen Querverbindungen und Hintergründe aufzeigen und er wird Sie genauso wie die Bilder nach Ihrer Heimkehr an vieles erinnern, das Sie so – oder auch anders – sahen und erlebten.

Dabei ist der Begriff »Traumreisen« natürlich problematisch. In derart dicht besiedelten, hochtechnisierten Ländern, wie es gerade Belgien und die Niederlande sind – in den Niederlanden kamen 1972 auf den Quadratkilometer 394 Einwohner – wird selbst für den begeistertsten Autofahrer das Fahren an sich nur in Ausnahmefällen »traumhaft« sein. Für uns, und ich hoffe auch für Sie, begannen die »Träume« neben den Straßen, in der Landschaft, in den Städten, wenn endlich ein Parkplatz gefunden war. Und selbst dann ist es gut zu wissen, daß uns auch in den Benelux-Ländern, am wenigsten ausgeprägt in Luxemburg, am stärksten in den Niederlanden, eine hochzivilisierte Welt erwartet mit all ihren Vor- und Nachteilen. Die Realitäten unserer modernen Welt werden uns entlang dieser »Traumreisen« nicht verlassen. Aber sie werden ein beglückendes Gegengewicht haben in der ungeheueren Vielfalt einer in Jahrhunderten gewachsenen und gewordenen Kultur, in Traditionen, die in schöner Selbstverständlichkeit alles überdauerten, in Stadtlandschaften, die auch die Stille der Beginenhöfe bewahrten und in denen man von den Melodien der »singenden Türme« begleitet wird von Ort zu Ort.

Ich möchte mich bedanken bei allen, die zum Entstehen dieses Buches beitrugen, bei den Fremdenverkehrszentralen der einzelnen Länder, die mich mit aktuellen Unterlagen versorgten, bei den Freunden in Luxemburg und Holland, bei Pfarrherrn, Museumsleitern, Polizisten, Feuerwehrmännern und Bauführern, die Foto-

erlaubnisse gaben und die Arbeit an Stellen ermöglichten, die nur unter Schwierigkeiten zugänglich waren, vor allem aber bei Frau Maria Kreutz, die mich immer begleitete, die das Werden dieses Bandes in allen Phasen miterlebte und ohne deren Hilfe vieles nicht möglich gewesen wäre.

Vor allem wünsche ich mir, daß Sie entlang unserer insgesamt rund 3000 km langen Routen so erfreuliche Erlebnisse haben werden wie wir, auch mit den Luxemburgern, den Belgiern, den Niederländern.

U. Pfistermeister

Zwischen Ourthe-Tal und Hohem Venn

Der erste Abschnitt unserer Fahrt durch die Benelux-Länder bewegt sich zwischen Gegensätzen, wie sie nicht größer sein könnten, verklammert durch eine Geschichte, die immer unruhig, selten erfreulich war. Noch die Kämpfe unseres Jahrhunderts haben überall ihre Spuren hinterlassen.

Am Beginn steht Lüttich, Liège, wie es hier heißt, Luik, wie es die Flamen nennen, heute eine höchst lebendige Industriestadt, dabei Jahrhunderte hindurch Mittlerin zwischen deutscher und französischer Kultur. Dann Spa, die Bäderstadt, die noch immer von der Eleganz des 18./19. Jahrhunderts träumt, und das Duo der Klosterstädte Malmédy und Stavelot, gegründet schon um die Mitte des 7. Jahrhunderts. Wir erleben eine Landschaft, die von dem von Kohle und Stahl geprägten Panorama der unteren Maas mit ihren Abraumhalden, den rauchenden Schloten und den Lastkähnen auf dem Fluß, über die Lieblichkeit der Wiesen- und Waldtäler von Vesdre und Warche und das Ungestüm der jungen Amblève bis zur Einsamkeit der Moorgebiete im Hohen Venn reicht, das einst in seiner finsteren Unwegsamkeit der Schrecken aller Reisenden war.

Lüttich gilt nicht umsonst als eine Industriestadt mit allen Zeichen der Schwerindustrie, als eine Stadt mit einem »eisernen Himmel« wie Daniel Rops einmal schrieb, »den schwere Wolken durchziehen wie Walküren«. Tatsächlich wurde Lüttich, basierend auf einem außergewöhnlich reichen Kohlevorkommen, das schon unter den Fürstbischöfen des Mittelalters ausgebeutet wurde, früher als jede andere Stadt auf dem Kontinent industrialisiert, und heute ist vor allem das rechte Maasufer ober- und unterhalb der Stadt mit Eisen- und Glashütten, Waffen-, Waggon- und Maschinenfabriken, mit Chemie- und feinmechanischen Werken so dicht besetzt wie eine einzige Fabrikstraße.

Bei all dem aber hat sich die Stadt auch ein ganz anderes Gesicht bewahrt. Nicht nur die Lage im Tal der Maas, die schon die Reisenden früherer Jahrhunderte entzückte und die Art, wie sich die Häuser den Hang hinaufstaffeln, können noch immer begeistern. Lüttich, die Hauptstadt Walloniens, die französischste unter den belgischen Städten, ist auch – und dies fällt zu allererst auf – eine äußerst lebendige Stadt. Unweigerlich erinnert man sich an den Bericht Georg Forsters, der 1791 schrieb: »Der beständig fortdauernde Lärm und das Gewühl in den Straßen zeugt von einer außerordentlichen Betriebsamkeit. Dieses Schauspiel von durcheinander laufenden geschäftigen Menschen . . . gewährt mir einen außerordentlichen, sehr lange entbehrten Genuß«.

Beim Gang durch die Straßen und Gassen, die trotz aller, manchmal geradezu erschreckender moderner Bauwut, auf weite Strecken noch immer eng und verwinkelt sind und ein Stück Alt-Lüttich verkörpern, mag man sich zunächst an die Geschichte Lüttichs erinnern. Sie begann früh, und sie begann mit Blut. Im September des Jahres 705 wurde Bischof Lambert am Fuße des Hügels, der den Zusammenfluß von Maas und Ourthe beherrscht, von Meuchelmördern getötet. Der einsetzende Strom der Pilger zu seinem Grab, von Lamberts Nachfolger durch die Überführung der Reliquien geschickt nach dem wenig nördlich gelegenen Lüttich gelenkt, verwandelte das unscheinbare Fischerdorf sehr rasch. Schon 718 wird es zur Stadt erklärt, drei Jahre später der Bischofssitz von Tongeren hierher verlegt. Mit Bischof Notker, von dem die Lütticher sagen »Lüttich verdankt Notker dem Herrgott, alles andere Notker«, begann noch im 10. Jahrhundert ein ungeahnter Aufstieg. Bei seinem Tod war der kirchliche und weltliche Machtanspruch gefestigt. Lüttich war Fürstbistum, die Stadt befestigt und eine der volkreichsten der »niederen Lande«. Es standen die wichtigsten Kirchen: St. Martin und St. Croix hügelaufwärts, St. Jean, St. Paul auf einer Insel im Fluß, die Stiftskirche St. Denis, die bis heute in ihrer festungsartigen Wucht und Geschlossenheit den Geist dieser Zeit am unverfälschtesten bewahrt. Nur St. Barthélemy und St. Jacques wurden erst im 11./12. Jahrhundert errichtet, zu einer Zeit, als das Fürstbistum einem neuen Höhepunkt entgegenging, als sich die Gerichtsbarkeit der Fürstbischöfe von der Semois bis zur Niedermaas und von Löwen bis Aachen erstreckte.

Die Jahrhunderte danach standen im Zeichen von Unruhe und Krieg. Zumal das 15. Jahrhundert war eines der dunkel-

1 *Lüttich, Place du Marché mit Perron*
Jahrhunderte hindurch war der Perron für die Lütticher das Symbol der Gerechtigkeit und ihrer städtischen Freiheit und Selbständigkeit. Seine Gestalt wandelte sich. Aus dem einfachen Pfahl, vor dem man Recht sprach, wurde die Säule, die man 1467 – zur Schmach der Lütticher – nach Brügge verschleppte und dort mit der Inschrift ausstellte:
»Ich war Perron aus Lüttich von Herzog Karl erbeutet;
ich zeige an, das lehenspflichtig ist Lüttich und das Land«.
Heute steht die schlanke, weiße Steinsäule, von vier Löwen getragen, auf dem Brunnen, den Jean Delcour 1697 für die Place du Marché gestaltete und den er mit drei Grazien, mit Pinienzapfen und Kreuz krönte.

2 *Lüttich, Hof im ehemaligen Bischöflichen Palais*
»Ich habe nirgends ein architektonisches Ganzes gesehen, das merkwürdiger, ernster und großartiger wäre« schrieb Victor Hugo nach seinem Besuch des heutigen Lütticher Justizpalastes. Arnold von Mulcken ist der Architekt des großangelegten, zwei Innenhöfe umfassenden Baues, den sich Fürstbischof Eberhard von der Marck zu Beginn des 16. Jahrhunderts errichten ließ und in dem vor allem die beiden Höfe von einer eigentümlichen Mischung aus Gotik und Renaissance geprägt werden.

Das mit fünf Taufszenen geschmückte Taufbecken in St. Barthélemy, das Rainer von Huy 1107 bis 1118 schuf, ist in seiner künstlerischen Sicherheit eines der großartigsten Werke der maasländischen Metallkunst.

sten in der Geschichte der Stadt. Die Kämpfe Lüttichs mit Burgund endeten nicht nur mit der schmachvollen Entführung des »Perron«, des Sinnbildes der Stadtfreiheit, sondern auch in einer siebenwöchigen Brand- und Plünderungsorgie, die 15 000 Menschen das Leben gekostet haben soll und die mittelalterliche Stadt nahezu völlig vernichtete. Erst unter Maria von Burgund kam der Perron zurück an seinen alten Platz auf dem Markt. Nur langsam kam es zum Wiederaufbau. Der Adel trug ebenso sinnlose wie brutale Privatfehden aus. Immer wieder erhoben sich die Zünfte und das einfache Volk gegen das Regiment der Fürstbischöfe. Noch das 18. Jahrhundert war geprägt von den Klassenkämpfen der »Chiroux«, der bürgerlichen »Schwalben« mit den »Grignoux«, den »Brummbären« aus dem Volk. Die »cité ardente«, die leidenschaftliche Stadt, bewohnt von einem Menschenschlag, der zwar großherzig und gutmütig ist, aber auch hitzig, launisch, schnell begeistert, schnell enttäuscht, kam nur mehr kurzzeitig zur Ruhe: unter Fürstbischof Eberhard von der Marck etwa, einem Renaissancefürsten mit Sinn für Größe, der nicht nur den Grundstein legte für den Bischöflichen Palast an der Place St. Lambert, diesen weiträumigen Bau aus kühlem, blaugrauem Stein mit den beiden arkadengeschmückten Innenhöfen. Seine Diplomatie sicherte der Stadt auch mit der Festigung des neutralen Status wenigstens nach außen den Frieden. Unter ihm wurde der Chor von St. Martin fertiggestellt, arbeitete man an dem Filigran des Maßwerks und der Netzgewölbe von St. Jacques, gewann Lüttich jenes Aussehen, das den Florentiner Guicciardini, der als Gesandter lange in den Niederlanden lebte, zu der Bemerkung hinriß » . . . die Stadt übertreffe . . . mit ihrem Reichtum an Kirchen und Klöstern, und zwar hinsichtlich Anzahl und Schönheit, alle anderen Städte Galliens und Nord- und Süddeutschlands«.

Noch heute sprechen die vielen Kirchen, an denen die Zeiten und der Bauwille auch der folgenden Generationen nicht spurlos vorübergingen, ihre beredte Sprache, bewahren sie Kunstschätze wie das prachtvolle Taufbecken des Rainer von Huy (in St. Barthélemy), die reiche Reliquienbüste des hl. Lambertus (in St. Paul), den legendären Petrusschlüssel und das Triptychon von St. Croix, das zu den glanzvollsten Leistungen der mosanischen Goldschmiedekunst des 12. Jahrhunderts gehört. Noch heute zeigt ein Besuch der Museen im Haus Curtius, im Palais Ansembourg, aber auch des Waffenmuseums oder des »Musée de la Vie Wallonne«, das niemand übersehen sollte, der sich für Volkskunst interessiert, nicht nur etwas vom künstlerischen Reichtum vergangener Jahrhunderte, sondern auch von den besonderen Fähigkeiten der Lütticher Handwerker. Noch heute lebt vor allem am rechten Ufer der Maas, »dju d'la Moûse«, wo sich in den engen Gassen jenseits von Passarelle und Pont des Arches noch die alten »Heiligenhäuschen« mit ihren Madonnenstatuen an den Häusern finden, ungebrochen durch das Auf und Ab der Geschichte, der echte Lütticher, dessen Inbegriff der »Tschantchès« ist. Denkmalwürdig ist er und noch immer eine der wichtigsten Figuren des volkstümlichen Lütticher Marionettentheaters, aufsässig und ein steter Meckerer, aber beseelt von einer unbändigen Freiheitsliebe, voller Edelmut und Freude an überschäumenden Festen. So wird hier auch nicht nur Mariä Himmelfahrt hingebungsvoll gefeiert. Zu »Outremeuse« gehören auch die Umzüge des hl. Maucrawe, eines erfundenen, übermütigen Heiligen mit schwarzem Holzkopf, und die wilden Cramignon Tänze; gehören die kleinen Wirtschaften, in denen man die besten »dorèies« ißt, die saftigen Reiskuchen, und den »salade liègeoise«, einen Eintopf mit viel Schmalz, aus Bohnen, Zwiebeln und Kartoffeln.

Fast schon am Ende des Lütticher Vorortes Chênée liegt hoch oben die Kirche Notre-Dame de Chèvremont, das volkstümlichste Heiligtum des Lütticher Landes, wenige Kilometer weiter Vesdre aufwärts *Chaudfontaine,* dessen 36,6° heiße Thermalquellen, die einzigen Belgiens, seit dem 10. Jahrhundert vor allem Rheumaleidenden Linderung versprechen.

In Trooz verlassen wir das Tal der Vesdre, von dem noch Victor Hugo sagte, es sei »zuweilen eine Schlucht, oft ein Garten, stets ein Paradies«, das aber heute vor allem um Verviers und Pepinster ganz der Industrie gehört. Über Louveigné kommen wir nach *Remouchamps* im Tal der Amblève mit seiner Tropfsteinhöhle.

Zwei Stunden dauert der Besuch der beiden übereinander gelegenen Höhlengalerien mit dem sogenannten Kathedralzimmer, der Titanenbrücke und einer 1 km langen Kahnfahrt auf dem unterirdischen Fluß, die den besonderen Reiz der »Grotte de Remouchamps« ausmacht. Vorbei an Schloß Mont-Jardin auf seiner Höhe, fahren wir zunächst durch Felder und Wiesen auf der Straße Nr. 29 nach Osten, machen vor La Reid vielleicht noch einen Abstecher zu dem vierzig Hektar großen Wildpark, der nicht nur Hirsche, Mufflons und Wildschweine beherbergt, sondern auch Bisons und Braunbären, und erreichen *Spa*, den zweiten Badeort dieser Route. Längst nicht so lange bekannt wie Chaudfontaine – mag man doch bezweifeln, daß Plinius mit der Quelle »bei Tongeren im gallischen Lande« die Quellen von Spa meinte – hat Spa doch das kleine Bad bei Lüttich weit überflügelt. Vor allem seit 1545 der Venezianer Agostino, der Leibarzt Heinrichs VIII. von England, die Quellen besuchte, um hier zu genesen, verbreitete sich der Ruf des waldumgebenen, schon den Ardennen angehörenden Ortes unaufhaltsam. Im 18./19. Jahrhundert galt Spa zeitweilig als *das* Bad Europas. Wer dazu gehörte, wer dazu gehören wollte, kam nach Spa: Zar Peter der Große und König Gustav III. von Schweden, Kaiser Joseph II. von Österreich und Prinz Heinrich von Preußen, Mme. Récamier und die Herzogin von Orléans, Königin Hortense, der Herzog von Wellington, Disraeli, Alexandre Dumas, Montaigne und Victor Hugo – die Liste ließe sich beliebig verlängern. Noch 1918 schlug Kaiser Wilhelm II. hier sein großes Hauptquartier auf, ehe er abdankte und nach Holland ging. Spa diente, und daran mag das prickelnde Wasser mit seinem hohen Kohlensäuregehalt ebenso beteiligt gewesen sein, wie die alte Legende, die seinem Genuß neue Lebenslust nachsagte, ebenso der Gesundheit wie dem Vergnügen. Nicht nur die Dichter verquickten ja in übermütigen Versen die Heiterkeit der Liebe mit diesem fröhlich bläschentreibenden, sprudelnden Wasser, das hier zwischen Malchamps und Bronrome am Rande des Hohen Venn als Pouhon Pierre-le-Grand, als La Sauvenière, als Reine Marie-Henriette und wie die 16 Quellen alle heißen mögen, aus dem schiefrigen Boden kommt.

Von der Lebensfreude des Badeortes Spa, der heute mit seinen Parks, seinen rund hundert gekennzeichneten Wanderwegen, den Sport- und Unterhaltungsmöglichkeiten mindestens so sehr wie in früheren Zeiten auch den Gesunden Vergnügen macht, ist es nicht weit in die Einsamkeit des Hohen Venn. Wir fahren über Jalhay, von dem sich ein Abstecher machen läßt zu der von einem riesigen Sandsteinlöwen bewachten 47 Meter hohen Staumauer der »*Barrage de la Gileppe*«. Sie galt bei ihrer Fertigstellung im Jahr 1879, einen See von rund 80 Hektar Oberfläche und rund 13 Mill. Kubikmetern Wasser anstauend, als eine der großartigsten Anlagen ihrer Art in Europa. Wieder in Jalhay fährt man, nun ständig steigend, durch eine fast eintönige Mauer von Fichtenwaldungen – der belgische Staat ist seit Jahrzehnten dabei, das Gebiet aufzuforsten – hinauf zu der jetzt unter Naturschutz stehenden Hochfläche um *Baraque-Michel*. Hier, wo 1808 der aus dem Schnee einer Winternacht gerettete Schneidermeister Michel Schmitz sich seinem Gelübde gemäß eine erste, aus Rasenstücken zugerichtete Hütte erbaute, um anderen Verirrten helfen zu können, hat sich der ursprüngliche Charakter dieses nördlichsten und am höchsten gelegenen Teils der Ardennen noch am ehesten bewahrt. Das einst unwegsame, vor allem nachts, bei Nebel und in den eisigen Weststürmen des Winters gefürchtete, nahezu unwegsame Moorgebiet, von dem es heißt, es hole sich »jedes Jahr seinen Mann«, hat, seit es von der Straße Eupen-Malmédy durchschnitten wird und man es mit dem Auto in kaum zehn Minuten durchfährt, seinen Schrecken verloren. Macht man sich aber auf, mit Gummistiefeln, Kompaß und einer guten Wanderkarte, so kann man auch heute noch eine der ursprünglichsten Landschaften erleben, die unsere ganze Fahrt durch die Benelux-Länder zu bieten hat. In einer Weite, in der nur einzelne Bäume, abgestorben und verkrüppelt, da und dort ein Vogelbeerstrauch, Akzente setzen, geht man wie auf einem weichen, nachgiebigen Teppich. Braun und schillernd steht das Wasser in kleinen Tümpeln, füllt sofort glucksend und schmatzend jede Trittspur abseits des angelegten Wanderpfads. Arnika und Sumpfveilchen blühen; Moos, Binsen und Heidekraut wachsen; im Frühsommer wehen die weißen Flocken des

6   *Schloß Stoumont im Amblèvetal*
Schloß Stoumont, aussichtsreich gelegen, aber
nicht zu besichtigen, ist einer der zahlreichen
Adelssitze, der Landschlößchen und einstigen
Burgen, die Lüttich, den Tälern der Vesdre,
der Ourthe und der Amblève folgend, nach
Süden und Osten in weitgespanntem Bogen
umgeben.

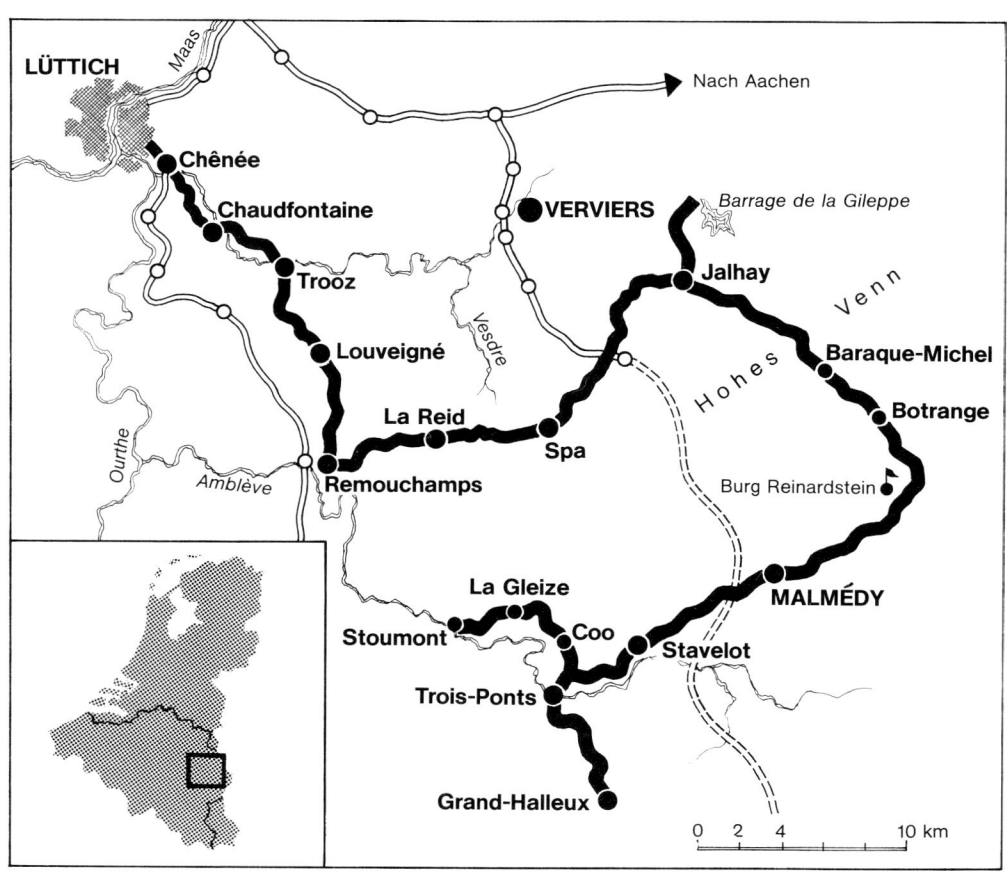

Wollgrases im Wind. Es ist eine herb-schöne Landschaft von fast arktisch-alpinem Charakter.

Vorbei am *Botrange,* mit seinen 694 Metern nicht nur der höchste Punkt des Hohen Venn, der »Hautes Fagnes«, wie es die Wallonen nennen, sondern ganz Belgiens, vorbei auch an der romantisch mitten im Wald gelegenen Burg Reinardstein, fährt man in vielen Kehren nach *Malmédy* und *Stavelot.* Bis 1815, als Malmédy durch die Beschlüsse des Wiener Kongresses Preußen, Stavelot aber den Niederlanden zugesprochen wurde, waren die beiden Städtchen, an deren Ursprung eine Klostergründung steht, eng verbunden. Um 645 berief König Sigisbert III. den Auqitaner Remaclus, Abt von Solignac, später Bischof von Maastricht und heiliggesprochen, damit er »in unserem Ardennen genannten Walde, an Stätten tiefer Einsamkeit, wo es von Tieren wimmelt« ein Doppelkloster gründe. Schon früh reichsunmittelbar und bereits in karolingischer Zeit mit ausgedehntem Grundbesitz ausgestattet, zu dem sogar zwei Häfen an der Loire und ein Weinberg am Rhein gehörten, im 12. Jahrhundert im Besitz einer ganz außergewöhnlichen Bibliothek, wurde

auch die Fürstabtei Stavelot-Malmédy, eine der bedeutendsten Klostergründungen Westeuropas, von den Wechselfällen der Geschichte, von Krieg und Zerstörung nicht verschont. So blieb den beiden Orten wenig vom alten Glanz. In Malmédy steht noch die barocke ehemalige Klosterkirche mit ihrer Doppelturmfassade. Stavelot bewahrt außer Resten der Abteigebäude die Reliquienbüste des hl. Poppon (1626) und den Remaclus-Schrein, einen figurenreichen Prachtsarkophag aus vergoldetem und emailliertem getriebenen Kupfer, an dem zwischen 1240 und 1268 drei Meister arbeiteten. Verbunden aber sind beide Orte auch heute noch durch die gleiche fröhlich-ausgelassene Intensität, mit der sie ihren Karneval feiern. Nur wird der »Lu Quamai d' Mam'di« von den buntfarbenen Kostümen der »Haguètes« und »Hârlikins« geprägt, während zum Sonntag Lätare in Stavelot die »Blanc Moussis« gehören, sollen doch einst die Mönche als »Weißgekleidete«, in weißer Kutte und mit langnasigen Masken trotz des Verbots ihres Abtes an den Volksbelustigungen der Mittfastenzeit teilgenommen haben.
Folgen wir dem Tal der Amblève, so bringt uns ein Abstecher kurz vor Trois-

Ponts nach Coo, nach La Gleize und *Stoumont* mit seinem aussichtsreich gelegenen, allerdings nicht zugänglichen Schloß. Die kleine Himmelfahrtskirche von *La Gleize* bewahrt eine besonders anmutige Mariengestalt (um 1330, Lütticher Werkstatt), während *Coo* durch den Wasserfall bekannt wurde, mit dem die Amblève hier 15 Meter zu Tal stürzt. Er ist der größte Belgiens, gilt schon seit der Mitte des 18. Jahrhunderts als Ausflugsziel und ist heute durch ein riesiges Freizeitzentrum mit Parkplätzen, Go-Kart-Bahnen, Restaurants, Snacks etc. »erschlossen«.

Von Trois-Ponts ab, dem Dorf am Zusammenfluß von Amblève und Salm, fahren wir nun durch das enge, tief in die Felsen grabene Tal der Salm nach Süden. Links und rechts der Straße erstreckt sich eine Waldlandschaft, deren Dörfer und Weiler Jahrhunderte hindurch zur Grafschaft der seit dem 9. Jahrhundert hier ansässigen Grafen von Salm gehörten. In Grand-Halleux sind wir schon in der belgischen Provinz Luxembourg, die hier mit einem schmalen Zipfel zwischen der Provinz Lüttich und dem Großherzogtum Luxemburg nach Osten ausgreift.

Durch Luxemburg

Luxemburg, das »grüne Herz Europas«, ist kein Land großartiger, überwältigender Landschafts- und Architekturbilder. Aber es ist, zweigeteilt in das herbschöne, karge Ösling mit den Ausläufern der Ardennen im Norden und das offene Gutland mit seinen reichen Ernten und Weidegründen im Süden, noch immer ein Bauernland voller Stille, ein Land voller Wälder, romantischer Täler, Burgen und Städtchen. Zumal sich die Schwerindustrie, die immerhin 70 Prozent der Gesamtproduktion erbringt und der bedeutendste Arbeitgeber des Landes ist, auf das Minettevorkommen zwischen Düdelingen und Rodingen im äußersten Süden des Landes konzentriert.

Nichts kennzeichnet dieses Land und vor allem seine Menschen besser als das trotzige »Wer wolle bleiwe wat wer sin«, dieser luxemburgische Leitspruch, der im moselfränkischen Letzeburgisch schon fast wieder behaglich klingt. Denn dieses winzige Staatengebilde im Dreiländereck zwischen Belgien, Frankreich und Deutschland mit seinen kaum 350 000 Einwohnern – als Großherzogtum erst seit 1866 völlig selbständig – hat eine Geschichte hinter sich, die Jahrhunderte hindurch allein von den machtpolitischen Interessen und der Begehrlichkeit der Fürstenhäuser ringsum geprägt wurde. In all den Wirren und Kämpfen behaupteten sich die Luxemburger auf ihre eigene, stille Art. So ist Luxemburg noch heute ein Land, das stolz ist auf sein Brauchtum und seine Volksmusik; dessen Menschen, obwohl die Amtssprache französisch ist und man vielfach deutsch versteht, ganz selbstverständlich letzeburgisch sprechen.

Bei Wemperhardt überqueren wir die belgisch-luxemburgische Grenze. Wenig später bietet die hochgelegene Straße einen jener immer wieder bezaubernden, für das Ösling so typischen weitreichenden Ausblicke: flachwellig das Bauernland, dahinter bis in die verblauende Ferne dunkel bewaldete Höhenzüge über tief eingeschnittenen Tälern. Klein und grau liegen dazwischen die Haufendörfer der Bauern, die hier mit der Kargheit des schiefrigen Bodens und der Unwirtlichkeit des Klimas zurechtkommen müssen. Im Sommer aber blühen an den Straßenrändern zartrosa die wilden Malven und auf allen Waldlichtungen stehen in leuchtendem Violettrot die Kerzen des Fingerhuts. Kurz nach Heinerscheid fahren wir

hinüber nach *Clervaux (Clerf),* das, wie so viele Orte in den Ardennen, während des letzten Krieges schwer gelitten hat. Nun liegen die Häuser wieder schiefergedeckt und unverdorben durch zu massive moderne Eingriffe in der Schlinge des Flusses um die neoromanische Pfarrkirche und die Burg der Herren von Clervaux mit ihrem dunklen Mauerwerk und der Wucht ihrer Rundtürme, deren älteste Bautrakte noch aus dem 13. Jahrhundert stammen. Unsere Straße folgt dem gewundenen Wiesental der Clervé (Clerf), die vor allem ab Wilwerwiltz, eintauchend in eine straßenlose Unberührtheit, in der Wildenten und Teichhühner brüten, den Wildwasserfahrern einiges zu bieten hat.

Dann *Wiltz,* die »Europastadt der Pfadfinder«, die Stadt der sommerlichen Freilicht-Festspiele vor der wuchtigen Kulisse des Schlosses und des »Génzefestes«, das alljährlich am Pfingstmontag die Straßen und Gassen in das strahlende Gelb blühenden Ginsters taucht. Wiltz, zwischen Tal und Höhe, ist eine der ältesten Städte des Großherzogtums. Am schönsten ist der Blick, der sich bei der Weiterfahrt nach Süden bietet: ein langgestreckter Hügelrücken, Schloß und gotische Kirche, eng gestaffelt die Häuser, graue Schieferdächer in lebendiger Reihung. Kaum auf der Straße Nr. 15, biegen wir wieder nach rechts ab und fahren nun im Tal der Sauer (Sûre) nach *Esch-sur-Sûre,* einem malerischen Burgflecken mit Kirche, Bogenbrücke und engen Gassen. Unvergleichlich ist die Lage. Wald ringsum. Zu Füßen der Burg, die 927 gegründet und bis in die Zeit der Gotik ausgebaut wurde, schmiegen sich die Häuser in die weitausholende Schlinge der Sauer, deren Südhänge hier mehr als 100 Meter steil zur Hochfläche ansteigen. Für die Weiterfahrt nach Bourscheid sollte man sich nach dem Wetter richten. Die Talstraße, die zum Teil hoch am Hang der Sauer jeder Biegung des vor allem ab Göbelsmühle tief eingeschnittenen Flusses folgt, führt überwiegend durch lichten Laub- und Nadelwald. Die durch die Felder ziehende Höhenstraße über Kehmen bietet dafür bei klarer Sicht immer wieder reizvolle Fernblicke. Burg *Bourscheid (Burscheid)* liegt 155 Meter über der Sauer. Weit geht der Blick ins Tal. Bis ins 16. Jahrhundert galt die Burg mit ihrer durch sieben Türme verstärkten Ringmauer und dem nach Süden vorge-

7 *Clervaux*
Mittel- und Ausgangspunkt von Clervaux, dem viel besuchten Städtchen im Tal der Clervé, ist die Burg, von der im frühen 12. Jahrhundert erstmals die Rede ist und deren älteste Teile – der Burgunder Turm, der Taubenturm und der dazwischen liegende Wohntrakt – aus dem 13. Jahrhundert stammen.

8 *Esch-sur-Sûre*
Erst von der Höhe des mehr als 100 Meter steil ansteigenden Hochufers der Sauer erschließt sich der ganze Reiz des die Schleife des Flusses füllenden typisch luxemburgischen Burgfleckens, in dem Maingaudus von Esch 927 die erste Burg errichtete.

schobenen sogenannten Bollwerk als eine der stärksten des Landes. Dem Sauertal folgend, das nun breiter wird und mit seinen saftigen Wiesen schon ans Gutland erinnert, kommen wir nach *Diekirch,* wo schon die Römer kalte und warme Bäder nahmen. Heute braut man hier eines jener Luxemburger Biere, die Schuld daran sind, daß der rechte Luxemburger immer Zeit hat für »en gudden Humpen« und die so gut zu »Judd mat Gaardebounen« passen, dem luxemburgischen Nationalgericht aus geräuchertem Schweinefleisch und Puff- oder Saubohnen.

Durch eine sanfthügelige Landschaft mit weit sich dehnenden Kuhweiden und Äckern, mit kleinen Obsthainen und Laub- und Nadelwaldschöpfen auf den Höhen fahren wir Richtung Vianden. Biegt man kurz vorher zum *Nikolausberg* ab, so hat man nicht nur die ganze herbe Landschaft in immer neuen Perspektiven vor sich. Man blickt auch hinunter auf den Stausee des Kraftwerks, das mit einer Leistung von 1 350 Mill. Kilowatt pro Stunde zur Zeit als das größte Pumpspeicherwerk Europas gilt. *Vianden* selbst liegt beiderseits der Our landschaftlich besonders schön. Der vielbesuchte Ort, den schon Victor Hugo rühmte, als er 1870 während seines Exils hier lebte, bewahrt Reste der Stadtmauer, besitzt eine frühgotische Pfarrkirche mit stimmungsvollem Kreuzgang, ein Rathaus von 1579, und in der in sanftem Schwung ansteigenden, von pastellfarbigen Häusern gesäumten Hauptstraße einen der ungestörtesten Straßenräume Luxemburgs. Am Karfreitag ziehen die Buben hier singend und klappernd mit dem »Jaudes«, einem mit bunten Bändern und Papierblumen geschmückten Schlehdorn durch die Gassen. Im Herbst ist Nußmarkt, bei dem es auf den Straßen viel Volksmusik gibt, aber auch frische Walnüsse, Nußlikör und Nußgebäck; am Martinitag aber »Miertchen« mit seinen in der Dunkelheit brennenden Scheiterhaufen und dem Umzug der Jugend mit Fackeln, Wachs- und Petroleumkugeln. Die Burg, die mit dem Rot und Grau ihres Schiefermauerwerks, Efeu umwuchert, 60 Meter über Tal und Ort auf einem Felssporn thront, ist nicht nur Stammsitz der Grafen von Vianden und seit dem frühen 15. Jahrhundert Besitz des Hauses Nassau-Oranien, sie gilt auch als eine der bedeutendsten Burganlagen der Stauferzeit. Großartig die Folge der

zum Teil wiederaufgebauten Gebäude, vor allem aber die Architektur der Repräsentationsräume und der doppelgeschossigen Kapelle mit ihren reichen Pfeilerstellungen und den schönen Gewölben.

Our abwärts ist eine der malerischsten Landschaften Luxemburgs unser Ziel, die sogenannte *Kleine Luxemburgische Schweiz* um die Täler der Weißen und der Schwarzen Ernz. Ein Wandergebiet par excellence. Auch wer sonst keinem der vielen gekennzeichneten Wanderwege folgen will – Luxemburg hat eines der dichtesten ausgeschilderten Wegenetze Europas – sollte hier eine Ausnahme machen. Denn dieses Gebiet, das wir mit dem Wagen nur auf der Fahrt durch die beiden Täler kennenlernen können, erschließt sich eigentlich nur dem Wanderer in seiner ganzen Vielfalt. Es ist eine Landschaft voller Waldwege und Wiesenpfade, mit Höhlen und bizarren Felsformationen, die Namen tragen wie Binzelschlüffe, Goldfralay, Adlerhorst, Teufelsscharte und Zickzackschlürf. *Beaufort (Befort)* muß man besuchen, mit seinen beiden eng nebeneinander im Tal gelegenen romantischen Schlössern, bekannt durch seinen »Chassis de Beaufort« und den »Kirsch«, eines der zahlreichen klaren und hochprozentigen, eiskalt zu trinkenden Wässerchen, die die Luxemburger aus Mirabellen, Prunellen, Kirschen und vor allem aus Zwetschgen brennen. Man muß die Weiße Ernz aufwärts nach *Larochette (Fels)* fahren, waldumrahmt in einem Talkessel, das von dem braunen Gemäuer einer längst zur Ruine gewordenen Doppelburg des 11. bis 14. Jahrhunderts überragt wird. Dann wieder das Tal der Schwarzen Ernz abwärts, so besonders schön mit den hochragenden Buchenwäldern, dem wuchernden Farn, den wild zerklüfteten, gelbbraun im Wald stehenden Sandsteinfelsen und dem klaren, munteren Wasser des Flusses, der am vielbesuchten Schiessentümpel einen kleinen »Wasserfall« bildet. Über *Berdorf* oben auf der Höhe, wo auf den ausgedehnten Weiden schwarzweiß geflecktes Vieh grast und ganze Kolonien von Kiebitzen brüten, wo in der kleinen Kirche ein mit Skulpturen geschmückter römischer Sandsteinaltar steht, fährt man wieder hinunter ins Tal der Sauer, die hier die Grenze nach Deutschland bildet. Rasch sind wir in *Echternach* mit seiner türmereichen Silhouette und einer vielbogigen Steinbrücke. Schiefergedeckte Häuser umstehen pastellfarbig den Marktplatz mit dem mittelalterlichen, sich im Erdgeschoß in Arkaden öffnenden Rathaus. Viertürmig liegt die 1016 bis 1031 errichtete, nach den Zerstörungen des letzten Krieges wiederaufgebaute romanische Abteikirche, von weitläufigen barocken Klostergebäuden umgeben, zwischen Stadt und Fluß. Die 698 durch den hl. Willibrord gegründete Abtei ist nicht nur das geschichtliche und architektonische Zentrum der kleinen Stadt, sie war vor allem im 8. Jahrhundert auch maßgebend für den Einfluß irisch-angelsächsischen Geistes in der Fränkischen Kirche und besaß im 11. Jahrhundert eine der berühmtesten Schreiber- und Buchmalerschulen. So großartige Arbeiten wie das nun im Germanischen Nationalmuseum in Nürnberg zu bewundernde »Goldene Evangelienbuch« kamen aus dieser Werkstatt. Alljährlich am Pfingstdienstag aber stehen Abtei und Städtchen im Zeichen der »Echternacher Springprozession«, bei der nach mittelalterlicher Tradition die Wallfahrer, rhythmisch geführt von Musikantengruppen, ihren Weg mit jeweils drei Schritten vorwärts und zwei Schritten rückwärts zurücklegen müssen.

Die Straße E 42 wäre von Echternach der kürzeste Weg zur Stadt Luxemburg. Wesentlich reizvoller ist der Umweg durch das Moseltal, auf dem man das einzige Weinbaugebiet der Benelux-Länder kennenlernt. Es wachsen köstliche Tropfen hier, gut ausgebaut und gepflegt, vom herbrassigen Elbling bis zu den Spitzenweinen aus Riesling-, Rivaner-, Auxerrois-, Pinot- und Ruländertrauben. Noch am Ufer der Sauer fährt man durch *Rosport,* wo seit 1328 an Mariä Himmelfahrt eine feierlich-fröhliche Prozession durch Felder und Obstgärten zu »Unserer Lieben Frau von der Girsterklaus« zieht und kommt nach *Grevenmacher,* in dessen verwinkelter Altstadt die kleinen Winzer- und Handwerkshäuschen noch immer malerisch zusammenstehen, dem ersten, zugleich einem der wirtschaftlich bedeutendsten moselländischen Weinorte. Die Mosel, die Schiller einmal zärtlich die »lothringische Jungfrau« genannt hat, ist hier lieblicher, offener als auf deutscher Seite. Doch auch hier steigen die Reben die Hänge hinauf, folgt ein Winzerdorf dem

anderen. Mittelpunkt des Gebiets ist *Wormeldange (Wormeldingen),* dessen Wein schon im Jahre 1033 gerühmt wurde. Wer jedoch die luxemburgische Mosel von ihrer touristenfreundlichsten Seite erleben will, muß in *Remich* Station machen, das bereits in römischer Zeit eine ausgedehnte Siedlung war. Man kann durch die Parkanlagen am Moselufer schlendern, mit einem der kleinen Ausflugsboote oder der »Princesse Marie-Anne« auf der Mosel fahren und natürlich »Sekt- und Weinpröbeln«. Allein in den großen, 20 Meter unter der Erdoberfläche in den Kalk gehauenen Felsenkellern der »Caves St. Martin«, die man besichtigen kann, lagern ständig etwa 250 000 Flaschen Sekt und über 700 000 Liter Wein.

Nicht ganz leichten Herzens verläßt man die Mosel und fährt auf der gut ausgebauten Straße Nr. 2 nach *Luxemburg (Luxembourg, Letzeburg),* der Hauptstadt des Großherzogtums. Die Stadt ist nicht nur Sitz der Landesregierung und zahlreicher diplomatischer Vertretungen, sondern auch mehrerer europäischer Behörden und Residenz des Luxemburgischen Monarchen Großherzog Jean aus dem Hause Nassau. Man sollte von der Straße Nr. 2 hinüber zur alten Remicher Straße fahren. Da hat man dann die Stadt plötzlich vor sich wie aus der Spielzeugschachtel: die Türme von Liebfrauen- und Michaelskirche, dazwischen und daneben die Häuser mit ihren hellen Fassaden und dem Grau der Dächer; das stumpfe Gelbbraun des Bockfelsens über dem saftigen Grün des Alzettals; vielbogig davor einer der großen Eisenbahn-Viadukte, über den – hat man Glück – gerade langsam ein Zug schnauft.

Ausgangspunkt der hochgelegenen Stadt auf ihrem Felsen zwischen Alzette und Petruß ist die 963 unter Graf Sigfrid errichtete Burg, die ihm der Sage nach, wenn schon nicht der Teufel, so doch seine wunderschöne Frau Melusine, eine Nymphe aus der Alzette, in einer Nacht erbaute. Die »Lucilinburhuc« wurde zum Stammsitz der Luxemburger, jenes moselfränkischen Geschlechts, das, im 14./15. Jahrhundert aufsteigend wie ein Komet, dem Deutschen Reich vier Kaiser stellte, darunter eine so bedeutende Persönlichkeit wie Kaiser Karl IV., der eine ganze Epoche deutscher Geschichte prägte. »Lützelburg«, die »kleine Burg« aber entwickelte sich zu einer die ganze Sied-

10 *In der »Kleinen Luxemburgischen Schweiz«*
Um die Täler der Weißen und der Schwarzen Ernz westlich von Echternach erstreckt sich ein großartiges Wandergebiet voller Wiesenpfade und Waldwege, voller Höhlen und bizarr geformter Felsen.

11 *Luxemburg, Blick zur Altstadt*
Auch heute noch wird Luxemburg, die von Tälern und Viadukten umgebene Hauptstadt des Großherzogtums vor allem von den Resten der einstigen Befestigungen geprägt, die die Stadt lange Zeit zum »Gibraltar des Nordens«, zur stärksten Festung Europas machten: von den Bastionen, den Türmen, Toren und Mauern, denen man überall begegnet, von den Kasematten, die den ganzen Fels durchlöchern, auf dem die Stadt steht.

12 *Luxemburg, Wache vor dem*
      Großherzoglichen Schloß
Zur Erinnerung und aus Dankbarkeit für die
Hilfe Großbritanniens im 2. Weltkrieg tragen
auch die Soldaten der Großherzoglichen Garde
schlichte, am englischen Vorbild orientierte
Uniformen.

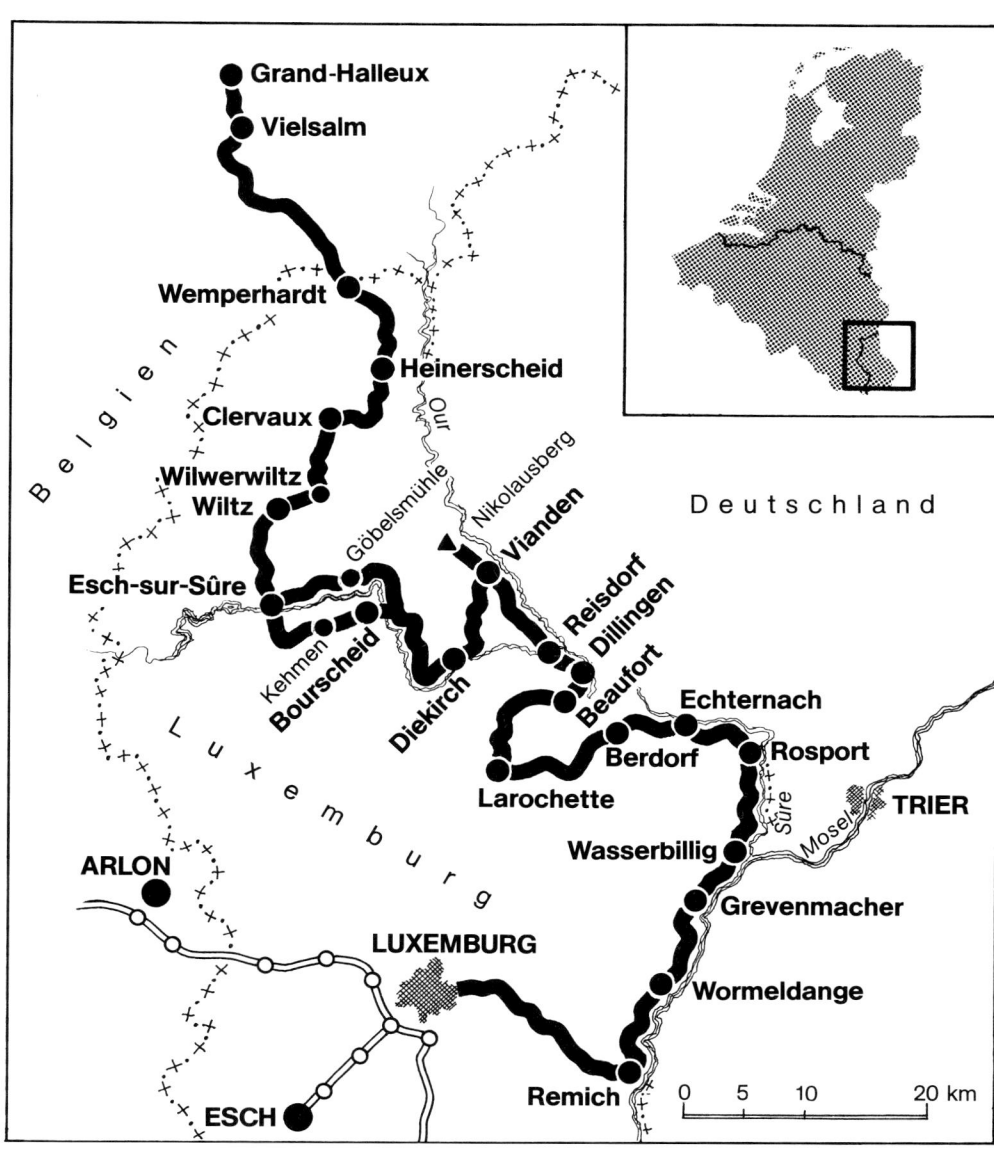

Grand-Halleux

Vielsalm

Wemperhardt

Heinerscheid

Clervaux

Wilwerwiltz

Wiltz

Belgien

Our

Göbelsmühle

Nikolausberg

Vianden

Deutschland

Esch-sur-Sûre

Reisdorf

Dillingen

Kehmen

Bourscheid

Diekirch

Beaufort

Echternach

Berdorf

Rosport

Larochette

Luxemburg

Süre

TRIER

Mosel

ARLON

Wasserbillig

Grevenmacher

LUXEMBURG

Wormeldange

Remich

ESCH

0   5   10   20 km

lung einbeziehenden Festung, die schon im 15. Jahrhundert als eine der stärksten Europas galt. Noch Goethe beschrieb sie 1792 als »Verkettung unübersehbarer Bastionen, Redouten, halber Monde und solches Zangen- und Krakelwerk . . .«. Kein Wunder, daß sich Luxemburg als Stadt, mehr von Soldaten als Bürgern bewohnt, lange Zeit kaum entwickeln konnte. Erst das Jahr 1867 – das Großherzogtum war gerade selbständig geworden – brachte den Umschwung, einen ungeahnten wirtschaftlichen und kulturellen Aufstieg, der heute auch durch die sechs riesigen Viadukte und die Unzahl von Brücken symbolisiert wird, die nun Flüsse und Täler überspannen. Die aufs engste mit der Stadt verwobenen Festungswerke, die man damals mit einem Kostenaufwand von 1,5 Mill. Goldfranken zu schleifen versuchte, aber prägen das Bild der Stadt auch weiterhin. Mit einem 23 km langen Netz von unterirdischen Gängen

und Räumen, von Kanonenkammern und Minenhöfen durchlöchern Bock- und Petrußkasematten den Fels. Türme, Tore und Mauern begegnen uns überall. Gerade auch, wenn man eine der aussichtsreich auf den ehemaligen Wällen angelegten Promenaden entlang spaziert, von denen die »Promenade de la Corniche« die schönste ist. Da schaut man von oben auf die Unterstädte Grund, Clausen und Pfaffenthal hinab, die alten Quartiere der kleinen Handwerker und Bauern in den engen Tälern von Petruß und Alzette. Da hat man hinter sich die eigentliche »Festungsstadt« um den Fischmarkt und die Place Guillaume, um die Liebfrauenkirche und das Großherzogliche Schloß. Hier liegt, trotz moderner Wohnviertel und der jenseits der Pont Adolphe im 19. Jahrhundert in belgisch-leopoldinischem Prachtstil errichteten »Neustadt«, das liebenswürdig-menschliche Zentrum der Stadt. Wie eh und je ziehen die Okta-

ve-Wallfahrten zu »Unserer Lieben Frau von Luxemburg« durch die Gassen, kann man schauen, flanieren, immer wieder einmal einer mit fröhlichem Spiel aufmarschierenden Musikkapelle begegnen. Hier trifft man sich am Ostermontag zum »Emais'chen«, einem traditionellen Markt, bei dem die Kinder »Peckviller-cher« bekommen. Im Herbst zur »Schneberfo'er«, der fast 650 Jahre alten Luxemburger Kirmes.
Fährt man auf der Straße Nr. 4 in Richtung Arlon zur belgischen Grenze, so behält man Luxemburg in Erinnerung als eine Stadt voller Gegensätze: Kleinstädtisch-Liebenswürdiges neben dem Modernismus der Hochhäuser im Europazentrum und am Centre Financier, Großstadtluft in den breiten Avenuen mit ihren eleganten Läden und dem lebhaften Verkehr; dann wieder Gassen voll ländlicher Idylle mit spielenden Kindern und sich in der Sonne räkelnden Katzen.

Durch die Ardennen

Nahezu unsere ganze Route 3 führt uns durch die Ardennen, durch dieses große Waldgebirge, dem wir schon im Hohen Venn und im Ösling begegneten und das geologisch dem sogenannten Rheinischen Schiefergebirge zugerechnet wird. Wie ein sanft wogendes grünes Meer erstreckt sich dieses flachwellige Rumpfgebirge aus Schiefer, Grauwacke und Quarziten vom Hohen Venn im Norden durch Luxemburg und das südliche Belgien bis nach Nordfrankreich. Es ist ein Gebiet ohne markante Gipfel oder herausragende Erhebungen, durchweg etwa 500 bis 600 Meter hoch, aber durchzogen von zahlreichen, vielfach gewundenen, zum Teil tief eingeschnittenen Tälern, deren klare Bäche und Flüsse – rechte Forellenwasser – voller Lebendigkeit sind. Bis ins hohe Mittelalter war dies, einst ein bevorzugtes Jagdgebiet der merowingischen und fränkischen Herrscher, ein fast geschlossenes, wohl auch auf weite Strecken unwegsames Waldgebiet. Noch heute gehören besonders die ausgedehnten Laubwaldungen um die frühmittelalterlichen Rodungssiedlungen, um St. Hubert etwa oder um Chiny, zu den größten und schönsten zusammenhängenden Waldgebieten Belgiens. Noch heute ist das Land weit eher ein Gebiet der Forst-, auch der Viehwirtschaft als des Ackerbaues, sind die Felder klein, die Bauernhäuser bescheiden, aus Feldsteinen gefügt, mit Schiefer gedeckt. Ähnlich wie in der Eifel bleibt die Bevölkerungsdichte unter 50 pro Quadratkilometer. Längst vom Fremdenverkehr entdeckt – die ausgedehnten Wohnwagensiedlungen in so manchem etwas breiteren Teil sprechen eine beredte Sprache – ist dieses herbschöne Land doch noch immer auch ein einsames Land. Ist man nicht gerade während der belgisch-niederländischen Sommerferien unterwegs, hat man nicht nur den Wald, sondern auch die Straßen fast für sich allein.

Nur das »Pays Gaumais« im Winkel zwischen der luxemburgischen und der französischen Grenze, diese rund 350 Quadratkilometer, die geologisch schon zu den Mergellandschaften Lothringens gehören, sind anders. Weniger rauh als im Waldland ist das Klima. Sanfthügelig dient das Land hier auch dem Getreide- und Kartoffelanbau, der Obstzucht. Die Häuser mit ihren großen rundbogigen Toreinfahrten sind verputzt, weiß, mit hellem Ocker oder ganz lichtem Blau. Geranien stehen auf den Fensterbänken. Die Bewohner, die ihr kleines Land gern als die »belgische Provence« bezeichnen und die ein sehr ausgeprägtes Gefühl für Gleichheit haben, sollen, wie es heißt, ganz anders als die eigensinnigen und schweigsamen Ardenner, manchmal zu einer fast belustigenden Prahlsucht neigen. Ihr besonders wohllautendes Französisch, das »Gaumet«, ist eher eine lothringische als eine wallonische Mundart.

Am nördlichen Rand dieses kleinen Gebietes liegt *Arlon*, das römische Orolaunum, eine der ältesten Städte Belgiens. Es erlebte seine höchste Blüte im 4. Jahrhundert, als es neben Trier einer der wichtigsten Stützpunkte römischen Verkehrs und römischer Macht war. Die reichen, im archäologischen Museum untergebrachten Ausgrabungsfunde, vor allem die Reliefs der Grabstelen, sind ein wahres Bilderbuch römischen Lebens der damaligen Zeit. Im 10. Jahrhundert war Arlon Sitz einer Grafschaft, später einer Markgrafschaft, die 1214 durch Heirat mit Luxemburg vereinigt wurde. Steht man oben auf dem Hügel von St. Donatus, so sieht man, wie wenig der schwer heimgesuchten Stadt nach den Kriegen, Bränden und Zerstörungen der folgenden Jahrhunderte an alter Bausubstanz verblieb. Arlon ist zum größten Teil eine Stadt des 19. Jahrhunderts, eine Stadt mit Blumen und Bäumen, ein lebhafter Marktort mit ansteigenden Straßen und unregelmäßigen Plätzen, wo noch immer alljährlich Anfang Dezember der Riese »Heiligsman« kommt, um beim »Jahrmarkt der Verliebten« den Schüchternen zu helfen.

Bis nach Rochehaut folgen wir mehr oder weniger dem Lauf der Semois, diesem wohl kapriziösesten Fluß Belgiens. Hier, an seinem Oberlauf zwischen Arlon und Florenville, dem letzten Ort des Gaumais, ist alles noch geruhsam. Erlen- und weidengesäumt zieht der Fluß durch die Wiesen, Waldstücke wechseln mit Viehweiden und Maisfeldern. In den kleinen Orten, von denen viele eine mehr von Krieg und Zerstörung als von glücklichen Zeiten geprägte Geschichte haben, kommen der Bäcker und der Milchmann vors Haus.

In Pin verlassen wir die Straße Nr. 44 und fahren nach Süden durch den dichten

13 *Abtei Orval, Kirchenruine*
Die Zisterzienser, die 1926 Orval neu besiedelten und zu einer weitläufigen Anlage ausbauten, erhielten dankenswerterweise die überkommenen Reste des mittelalterlichen, 1793 zerstörten Klosters. Die ehemalige, aus dem 12. Jahrhundert stammende Kirche ist noch als Ruine von der beeindruckenden schlichten Größe frühmittelalterlicher Klosterkirchen.

14 *Blick auf Bouillon*
Bouillon, die Stadt im Tal der Semois, wurde vor allem durch Gottfried von Bouillon bekannt, dessen Burg noch heute Ort und Tal beherrscht und der als Führer des 1. Kreuzzuges (1096) einging in Geschichte, Legende und Dichtung.

15 *Im Tal der Semois*
Die Semois, die durch eine Landschaft voller Wiesen und Wälder, voller Felsen und steiler Hänge fließt, ist der liebenswürdigste, kapriziöseste, streckenweise einsamste Fluß der südlichen Ardennen.

Wald von *Orval*. Eine besonders liebenswürdige Legende steht am Beginn dieser Abtei, die einst jeden Reisenden umsonst drei Tage aufnahm und verköstigte, deren Mönche heute ein berühmtes Bier brauen und einen weithin bekannten Käse, »véritable Trappiste«, herstellen. Mathilde, die Witwe des Grafen von Lothringen, soll, untröstlich über den Tod ihres Mannes durch ihre weitläufigen Ländereien reisend, bei einer Rast an der Quelle dieses Tales ihren Ehering im Wasser verloren haben. Auf ihr verzweifeltes Gebet hin brachte ihn eine Forelle zurück. »Oh, or val!«, »goldenes Tal«, soll die Gräfin gerufen und 1076 zum Dank das reich dotierte Kloster inmitten des Waldes gegründet haben. Heute macht die weitläufige Anlage, die erst 1926 durch Zisterzienser wieder neu besiedelt wurde, einen überwiegend modernen Eindruck. Von den Bauten des mittelalterlichen Klosters, das mehrfach von Bränden heimgesucht und zuletzt 1793 durch französische Truppen fast völlig zerstört wurde, blieb wenig erhalten, darunter die eindrucksvolle Ruine der Kirche aus dem 12. Jahrhundert mit ihrer Fensterrosette und den mächtigen Pfeilerstümpfen aus warmfarbigem Stein.

Die Semois aber beginnt nun, hinter Florenville und Chassepierre, ihr ausgelassenes Spiel zwischen Wald und Fels. Tief eingegraben wendet sie sich einmal hierhin, einmal dahin; macht Schlingen, die fast ihren Ausgangspunkt wieder erreichen; springt über kleine und strudelt um große Steine und bildet dann wieder flache, dem Himmel offene Stellen, wo das Sonnenlicht bis auf den Grund dringt und unbeweglich die Forellen stehen. Auch dies ist ein Gebiet, das sich nur dem Wanderer ganz erschließt. Doch selbst die Straße, fast ständig durch lichten Laubwald führend, bietet immer wieder bezaubernde Ausblicke. Über das hochgelegene *Herbeumont* mit seiner Burgruine und über *Mortehan* mit dem strengschönen Mauerwerk seiner aus unverputztem Schiefer errichteten Häuser versucht sie dem Fluß zu folgen, einmal hoch oben am Hang, dann wieder unten im Tal.

Bouillon, fast schon an der französischen Grenze, ist unser nächstes Ziel. Die kleine Stadt liegt wie eh und je zu Füßen der den Hügelrücken in der langgestreckten Schlinge der Semois wie ein Krone besetzenden Burg. Sie wird schon 843 im Vertrag von Verdun erwähnt, war Stammsitz der Herren von Bouillon, gehörte zu Lüttich, zu Frankreich, zu Luxemburg, und wurde — liegt sie doch an einer für die ganzen Ardennen strategisch wichtigen Stelle — immer wieder belagert und hart umkämpft. Geht man die steinernen Treppen hinauf und hinunter durch die Räume und Höhlengänge dieser Burg — scheint sie doch manchmal mehr im Fels zu liegen als auf ihm —, so denkt man vor allem an Gottfried von Bouillon. Als Anführer des 1. Kreuzzuges (1096 n. Chr.) und als erster Regent des Königreichs Jerusalem, als »Herzog des Hl. Grabes«, wie er sich selbst voll Demut nannte, nie zurückgekehrt, aber eingegangen in Geschichte, Legende und Dichtung, machte er den Namen Bouillon bekannt wie sonst niemand.

Bis Rochehaut bleibt die Straße hoch oben am Hang, erreicht erst in Poupehan wieder das Tal der Semois, das hier und weiter unten, Membre zu, im September voll ist vom herbsüßen Duft der Tabakblätter, die zum Trocknen in den luftigen hölzernen Dörrhäusern hängen. *Rochehaut*, hochgelegen und vielbesucht, bietet einen der schönsten Ausblicke im ganzen Semoistal, hinunter auf den Weiler Frahan in der weitausholenden Schleife des Flusses. Es ist unser letzter Blick auf die Semois ehe wir nun, hinter Mogimont auf der Straße Nr. 28, nach *St. Hubert* fahren. Hier erwartet uns nicht nur das vielleicht schönste geschlossene Waldgebiet Belgiens, sondern auch eine reizvolle kleine Stadt und eine Kirche, der sich in den ganzen Ardennen nichts an die Seite stellen läßt. Nach der etwas spröden Fassade, die, wie das geschnitzte Chorgestühl und die Altäre, dem 18. Jahrhundert zu verdanken ist, überrascht das Innere, dieser aufschießende, feingliedrige spätgotische Raum mit seinen fünf Schiffen und dem Chorumgang; mit den Pfeilern, die wechseln zwischen grauem und rosafarbenem Stein; mit den Backsteingewölben, deren Rippen aus gelblichem Sandstein einen lebhaften Kontrast bilden. Unter dem Chor die Krypta, gotisch auch sie, beeindruckend in ihrer ausgewogenen Strenge. Schon für das Jahr 302 ist in Andage eine kleine Kapelle inmitten des Waldes belegt. Im 7. Jahrhundert kommt es zur Gründung eines Klosters, mit dem sich erst sehr viel später der Name des hl.

Hubertus verbindet, jenes Bischofs von Tongeren, der als erster seinen Sitz nach Lüttich verlegte, und der nicht nur als Apostel der Ardennen gilt, sondern seit dem 11. Jahrhundert auch als Schutzpatron der Jäger. Seine Legende wird zu einer der liebenswürdigsten des Waldlandes: am Karfreitag des Jahres 683 soll der aus adeligem Geschlecht stammende Hubertus aufgebrochen sein, um doch noch jenen mächtigen Hirsch zu erjagen, dem es bisher immer wieder gelungen war, sich der auf Schloß Ambra bei Andage versammelten Jagdgesellschaft zu entziehen. Als Hubertus ihn schließlich stellte, trug er ein hell strahlendes Kreuz zwischen den Stangen des Geweihs und die Stimme, die mahnend rief: »Hubertus, Hubertus! Wie lange willst du noch die Tiere des Waldes verfolgen? Wie lange noch wirst du über der Jagdleidenschaft dein Seelenheil vernachlässigen?« war so fordernd, daß er sich bekehrte und sich fortan, wie wir sahen recht erfolgreich, der Jagd nach Seelen zuwandte. Zu seiner Ehre treffen sich in St. Hubert jedes Jahr am 3. November die Jäger zur Hubertuswallfahrt. Jagdgrün mischt sich dann mit dem Rot der Parforce-Jäger, die Jagdhörner erklingen, Pferde und Hunde werden gesegnet. Noch immer ist ja dieser große, weithin urwüchsige Wald um St. Hubert, im Herbst leuchtend mit den warmen Rot- und Goldtönen der Buchen und Birken, dem Braun der Eichen zwischen dem dunklen Grün von Föhren und Fichten, ein großartiges Jagdgebiet, in dem trotz des Heiligen die Pirsch vor allem auf Hirsch und Wildsau geht.

Zwei Abstecher stehen in St. Hubert zur Wahl. Der eine nach Nordwesten auf der Straße Nr. 49 zum »Fourneau Saint-Michel«, einem Freilichtmuseum, das alte Handwerke wiedererstehen läßt, mit seinem Eisenhüttenkomplex aus dem 18. Jahrhundert aber vor allem an die einstige, traditionsreiche Kleineisenindustrie des Waldlandes erinnert. Der andere nach Bastogne, wo es angeblich den besten Ardenner Schinken gibt. Über glimmendem Eichenholz geräuchert, muß er sich hauchdünn schneiden lassen. Schon in römischer Zeit war er so beliebt, daß ein Erlaß aus der Zeit Diokletians mit zehn Silberlingen pro Pfund einen Höchstpreis festsetzen mußte. Wir fanden allerdings, er schmeckt wie die »Paté ardennaise« auch anderswo in den Ardennen genauso gut.

Bastogne, die fleißige, vor allem der Landwirtschaft zugetane Stadt auf ihrer wind- und sonnenreichen Hochfläche, hat aber auch auf andere, schreckliche Art Berühmtheit erlangt. Unvergessen sind die schweren, und wie es uns heute scheint, sinnlosen Kämpfe der Ardennenoffensive 1944/45 mit der verlustreichen Schlacht um Bastogne. Allein das »Mémorial du Mardessou«, 1950 auf einem Hügel außerhalb der Stadt für die amerikanischen Soldaten errichtet, erinnert an 76 809 in diesen Kämpfen Gefallene.

Die direkte Straße führt von St. Hubert weiter nach *La Roche-en-Ardenne*, das sich von Bastogne aus auch auf der Straße Nr. 34 erreichen läßt. Es ist eines der Zentren des Ardenner Fremdenverkehrs und landschaftlich besonders schön, wie es so daliegt am Schnittpunkt von sechs Tälern und zu Füßen einer ausgedehnten Burgruine. Von hier aus verwalteten im Mittelalter die Herren von La Roche, die Recht sprechen durften und eigene Münzen prägten, nahezu ein Drittel des Herzogtums Luxemburg, das damals etwa fünfmal größer war als heute. Die noch immer machtvollen Trümmer ihrer Burg – erst im 18. Jahrhundert unter Kaiser Joseph II. von Österreich geschleift – scheinen in der Wucht ihres Mauerwerks wie verwachsen mit dem grauroten, nackten Schieferfels, den die Ourthe in einer ausholenden Schleife umzieht. Wandert man Ourthe aufwärts, zum Stausee Nisramont an der Vereinigung der beiden Ourthequellflüsse oder zum Felsen von Hérou, der in einer gewaltigen Wand senkrecht zu Tal stürzt, so merkt man wenig von der lieblichen Anmut, die das Ourthetal später auszeichnet und die dazu führte, daß es zeitweilig Ehrgeiz jedes Lütticher Bürgers war, in diesem Tal ein Landhaus zu besitzen.

Schon kurz nach La Roche-en-Ardenne verlassen wir die Ourthe wieder und fahren über *Waha*, wo unter den ausladenden Ästen einer alten Linde noch immer die kleine romanische Kirche steht, die der Lütticher Bischof Theoduin 1051 weihte, nach Rochefort und Han-sur-Lesse. Hier am westlichen Rand der Ardennen, wo das Land fruchtbar wird und wie um Marche-en-Famenne vor allem dem Ackerbau dient, erstreckt sich eine flache Mulde, in deren zerklüftetem Kalkgestein nicht nur die Flüsse, die Lomme und die Lesse, zeitweilig unter-

16 *La Roche-en-Ardenne, Burgruine*
Von der Burg aus, die wie mit dem Fels verwachsen am Schnittpunkt von sechs Tälern liegt, verwalteten im Mittelalter die Herren von La Roche fast ein Drittel des Herzogtums Luxemburg, das damals fünfmal größer war als heute.

17 *Han-sur-Lesse, in der Tropfsteinhöhle*
Der Alhambra-Saal ist nur einer der vielen, durch den besonderen Reichtum an Stalagmiten und Stalaktiten ausgezeichneten Höhlenräume, die die »Grotten von Han« zu einer der schönsten Tropfsteinhöhlen Mitteleuropas machen.

18 *Lavaux-Ste-Anne, Schloß*
*Seit 1936 beherbergt das aus dem 14. und
17. Jahrhundert stammende Wasserschloß im
Tal der Wimbe mit seinem schönen, säulen-*

*geschmückten Innenhof das Nationale Bel-
gische Jagdmuseum mit Sammlungen zur vorgeschichtlichen, mittelalterlichen und modernen
Jagd.*

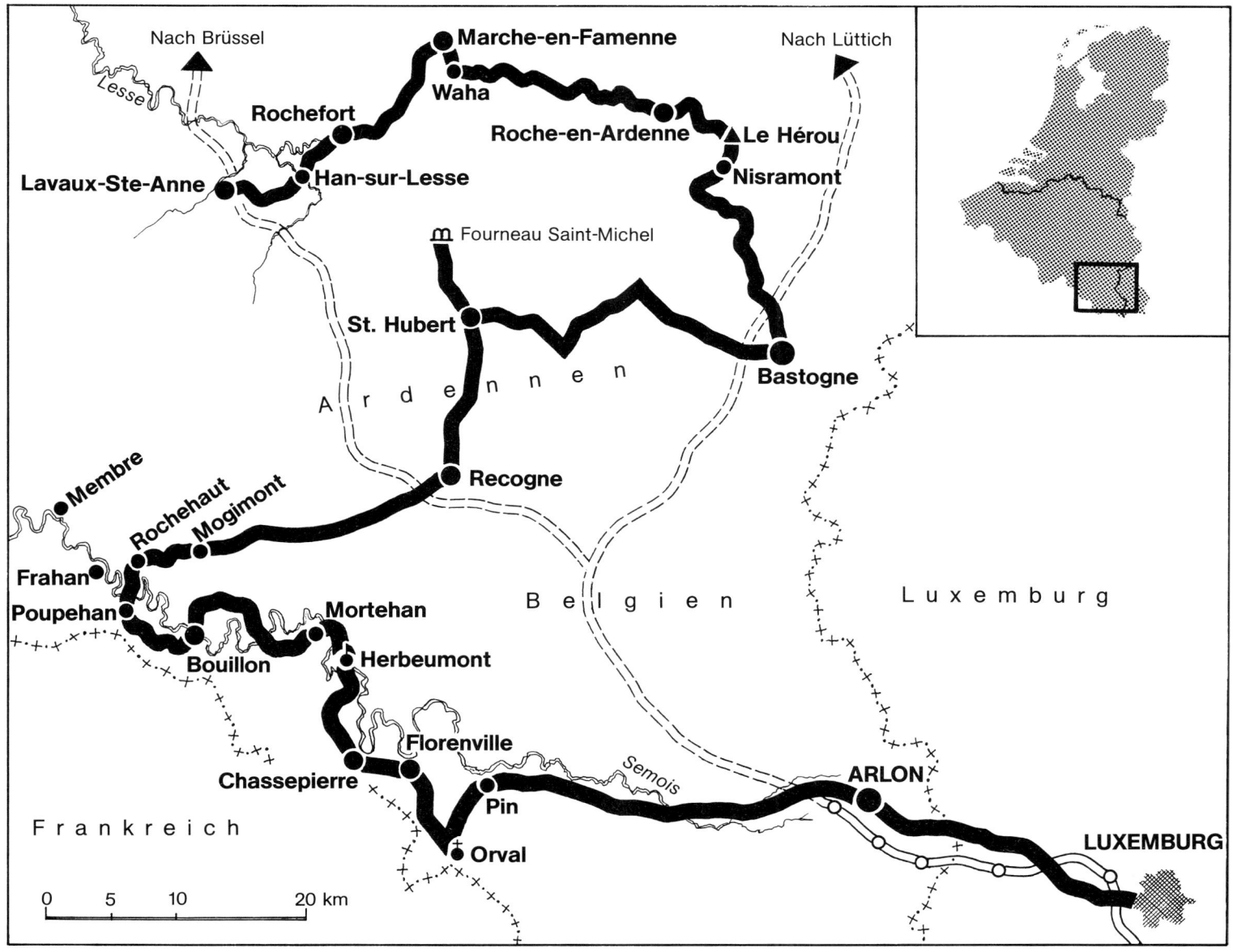

irdisch fließen, sondern es auch vielfach zu Höhlenbildungen kam. Die beiden bedeutendsten, durch schöne Tropfsteinbildungen ausgezeichneten Höhlen liegen bei *Rochefort,* einem hübschen Städtchen mit Häusern aus dem 17. und 18. Jahrhundert, und bei *Han-sur-Lesse* am Rande eines 250 Hektar großen Wildparks, in dem nicht nur Hirsch- und Rehwild, Damwild und Wildschweine völlig frei leben, sondern auch Bären, Bisons und Auerochsen. Die Höhle von Han-sur-Lesse erreicht man von der Ortsmitte aus mit einer lustig-rumpelnden Kleinbahn, die zunächst am Wasser der Lesse entlang und durch eine schöne Kastanienallee, dann durch Wald immer höher hinauf zum Höhleneingang fährt. Über fünf Kilometer geht man dann durch eine Folge von tropfsteingeschmückten Galerien und Sälen, denen George Sand 1869 in ihrem Roman »Malgré tout«

wohl das schönste Denkmal setzte: ». . . der Boden wurde plötzlich hohl, dunkle Räume, die das Licht der Fackeln mit rötlichem Dunst erfüllte, öffneten sich bald unter meinen Füßen, bald über meinem Kopf: in unsichtbaren Tiefen toste die Lesse . . . Mühsam ist der dreistündige Gang ins Herz des Berges, vorbei an den Abgründen der unterirdischen Lesse, eines Wildbaches, der inmitten der Finsternis im Verlauf von fast einer Meile schläft oder tost, durch die Galerien oder unermeßlichen Säle, welche die seltsamsten Stalaktiten schmücken. Am Ende stößt man auf einen unterirdischen See, auf dem man sich einschifft, um das Licht des Tages feenhaft wiederzusehen . . .«

Wir verlassen nach diesem Ausflug in die Unterwelt die Lesse, die noch ein zweites Mal, am Fuße des Gebirgsstockes von

Furfooz, unterirdisch fließt und dort für ihren noch immer nicht erforschten Weg von 800 Metern Luftlinie ganze drei Tage braucht. Wir fahren über die Straßen Nr. 35 und 48 und über Nebensträßchen ins Tal der Wimbe. An der Grenze zwischen den Provinzen Luxembourg und Namur liegt hier das Wasserschloß von *Lavaux-Ste-Anne,* ein Adelssitz des 14. und 17. Jahrhunderts mit mächtigen Rundtürmen, das trotz der strengen Wucht seines Mauerwerks eine durchaus friedliche Geschichte hinter sich hat und seit 1936 das Nationale Belgische Jagdmuseum beherbergt. Mit seinem schönen, säulengeschmückten Innenhof, mit seinen Sammlungen zur vorgeschichtlichen, mittelalterlichen und modernen Jagd, zur Jagd mit Windhunden und zum Naturschutz ist Lavaux-Ste-Anne wohl der schönste Abschluß unserer Fahrt durch die Waldgebiete der Ardennen.

Im Maastal

Wenn wir der Maas auf der Höhe gegenüber von Schloß Freyr zum ersten Mal begegnen – hinunterschauen auf den Fluß, wie er an steil abstürzenden Felsen vorbei Anseremme und Dinant zustrebt – so hat sie, aus Frankreich kommend, viele Kilometer und den Ardennendurchbruch nördlich von Mezières hinter sich, ist sie bereits seit Givet schiffbar. Wenn wir den Fluß in Huy wieder verlassen, fahren Lastkähne mit einer Tragkraft von 2000 Tonnen auf ihm. Die Maas bleibt von da an bis zur Mündung in die Nordsee im Hollandsch Diep südlich von Rotterdam ein Fluß, der nicht nur für Wirtschaft und Verkehr der beiden Anrainerstaaten Belgien und Niederlande von unschätzbarer Bedeutung ist, sondern auch für Frankreich und Deutschland; ein Fluß, der schon für die Römer einer der wichtigsten Verbindungswege zwischen Köln und dem Meer war.

Die Maas aber ist mehr. Sie war die Wiege des Karolingerreiches, nach seinem Zerfall ein Grenzgebiet zwischen zwei gleich starken Mächten. Schon damals entstanden entlang des Flußlaufes überall feste Burgen; noch die Jahrhunderte der Neuzeit bauten von Dinant bis Lüttich an den Zitadellen. Das frühe Mittelalter machte das Tal zu einem Brennpunkt geistigen, künstlerischen Lebens. Klöster und Abteien, voran das Bistum Lüttich, das unter Notker als »Quelle der Weisheit« gerühmt wurde, übten eine Anziehungskraft aus, die halb Europa erfaßte. Im 11./12. Jahrhundert erlebte der »style mosan« gerade in der maasländischen Goldschmiedekunst eine Zeit unvergleichlicher Blüte, getragen von den Werken eines Hugo d'Oignies, eines Nikolaus von Verdun.

Es gehört zum Vergnügen einer Fahrt entlang der Maas in diesem ihrem reizvollsten Abschnitt zwischen Anseremme, Dinant und Huy, in einer Flußlandschaft, die ständig wechselt zwischen schmalen und breiten Talauen, zwischen Wiesen und Wald, in der die Felswände steil und bizarr geformt stellenweise fast das Wasser erreichen, und Städte und Dörfer, Burgen und Klöster die Ufer säumen, es gehört zum Reiz dieser Fahrt, hier den so besonders deutlichen Spuren der Geschichte nachzugehen.

Der Beginn unserer Route 4 aber ist dem Condroz gewidmet, dieser Hochebene im Osten der Maas mit ihrer an manche Gegenden Englands erinnernden Parklandschaft. Es ist ein Land der Schlösser und großen Güter, der Rinder- und Pferdezucht, und der aus großen grauen Steinblöcken errichteten Bauernhäuser, die manchmal aussehen wie kleine Festungen. Aber es ist auch ein Land streitbarer Geister, in dem im 13. Jahrhundert ein ohne vorherige Prozeßführung aufgeknüpfter Kuhdieb genügte, um einen zweijährigen, mit Erbitterung geführten Krieg zu entfachen, der selbst die Städte Dinant und Namur erfaßte. An die hundert Dörfer soll der sogenannte Kuhkrieg heimgesucht und an die 15 000 Menschen das Leben gekostet haben. Überhaupt konnten die »tapfersten Gallier«, wie Cäsar einmal die Bewohner des Landes um die Maas nannte, fröhlich und fleißig, aber voll eines unbändigen Unabhängigkeitsstrebens, selten auf längere Zeit in Frieden leben. Zumal den Adeligen scheinen ihre Fehden zeitweilig ein Sport gewesen zu sein wie die Jagd.

Von Lavaux-Ste-Anne bringt uns die Straße Nr. 48 zunächst nach *Celles*. Der malerische Ort mit seinen unverputzten, schiefergedeckten Steinhäusern besitzt eine der eindrucksvollsten, im 11. Jahrhundert in reinstem maasländischen Stil errichteten romanischen Landkirchen der Gegend: breitgelagert das Langhaus und die drei Apsiden, mächtig der von zwei Treppentürmen flankierte Westturm, grauer Stein wie bei den Häusern ringsum. Von der Ausstattung blieb wenig. Ein Chorgestühl aus dem 13. Jahrhundert, das älteste Belgiens, und die schwarze Marmorgrabplatte für Ludwig von Beaufort und seine Gemahlin. Den Hadelinusschrein, den kostbarsten Besitz des einstigen, im 7. Jahrhundert durch den hl. Hadelin gegründeten Klosters, nahmen die Mönche mit sich, als sie 1338 von Celles nach Visé im Maastal nördlich von Lüttich übersiedelten. In Celles nach Südwesten abbiegend erreichen wir wenig später *Vèves*. Unverputztes Mauerwerk auch hier. Wie der Inbegriff der Burgenbaukunst des 15. Jahrhunderts liegt das Schloß kraftvoll und streng auf einer nach Süden ausgreifenden Anhöhe. Nur die Galerie des Innenhofes verrät etwas vom heiteren Geist der Renaissance.

Schon auf der Straße Nr. 47 in Richtung Dinant sollte man beim Café Chamonix,

19 *Schloß Vèves bei Dinant*
Schloß Vèves, von Dinant im 15. Jahrhundert zerstört, wurde damals mit der ganzen großartigen Strenge der Burgenbaukunst dieser Zeit wiederaufgebaut.

20 *Dinant, Maasufer*
Dinant ist ein Stadt, die lange Zeit berühmt war durch ihre Kupferschläger und Messinggießer. Eine vielfach von Kriegen heimgesuchte Stadt, deren östliches Maasufer aber noch heute eine der städtebaulich harmonischsten Ansichten Belgiens bietet. Vor der ragenden Steilwand des zitadellenbekrönten Felsens spiegelt sich die Reihe der Häuser pastellfarbig und schiefergrau im Fluß, ragt die Kirche mit ihrem charakteristischen Turmhelm 68 Meter empor.

dem Treffpunkt der Bergsteiger, aussteigen und die wenigen Schritte zum »Point de Vue« hoch überm Maastal gehen. Da hat man dann den Fluß vor sich und die »Rochers de Freyr«, in deren glatten Wänden Samstags und Sonntags die Kletterer üben; drüben am anderen Ufer sanfte, waldige Höhen und Schloß *Freyr*, das »Klein-Versailles« des Maastales. Es wurde im 16. Jahrhundert erbaut, im 17. und 18. erweitert, besitzt schöne Aubussonteppiche und eine Innenausstattung im Stil Louis XV. Sein größter Ruhm aber sind die Gärten, fünf Hektar in reinstem französischen Stil, von Le Nôtre angelegt und unverändert erhalten, mit neun Wasserbecken und Springbrunnen, mit 33 über 300 Jahre alten Orangenbäumen und mit 30 000 Quadratmetern geschnittener Hainbuchenhecken.

Rasch bringt uns die Straße hinunter ins Maastal und nach *Anseremme*, wo die Bögen einer prachtvollen Steinbrücke aus dem 16. Jahrhundert wenige Meter vor ihrer Mündung die Lesse überqueren. Im Sommer kann man an einer der von hier aus organisierten mehrstündigen Fahrten Lesse abwärts teilnehmen und lernt dabei die Lesse in ihrem unberührtesten und wildesten Teil kennen.

Dann *Dinant*. Noch bevor man die Stadt erreicht, muß man durch den schmalen Durchlaß zwischen der Felswand zur rechten und einer 36 Meter hohen freistehenden Felsnadel, gerade breit genug für ein Auto. Die Sage verbindet den »Bayard-Felsen« mit einer Episode aus der Geschichte der vier Haimonskinder, denen man in Belgien immer wieder begegnet, im Lütticher Marionettentheater so gut wie in Dendermonde oder beim Umzug der Riesen in Ath. Auf der Flucht vor Karl dem Großen wären die Vier damals bei Dinant fast in die Hände ihres Widersachers gefallen. Ihr mutiges Pferd Bayard aber wagte den rettenden Sprung ans andere Ufer, stieß sich allerdings dabei so kräftig ab, daß es den Fels spaltete.

Dinant selbst scheint aus einer einzigen Straße zu bestehen, eingezwängt zwischen das Wasser und den über 100 Meter aufschießenden Felsen, deren höchste Stelle die Zitadelle besetzt. Man muß ans andere Ufer der Maas, um zu sehen, wie sich hier

alles zu einem der städtebaulich harmonischsten Bilder Belgiens fügt: die buntfarbene Zeile der Häuser überm Fluß, zusammengefaßt durch das Schiefergrau der Dächer; die Stiftskirche zu Unserer Lieben Frau, deren birnenförmiger Turmhelm, 68 Meter emporstrebend, ein Gegengewicht schafft zur lastenden Schwere von Fels und Festung. Geruhsam und selbstverständlich sieht alles aus. Und ist es doch keineswegs. Wenig an der Stadt, der Victor Hugo zu seiner Zeit »einen gewissen malerischen Stolz« zusprach, ist alt, kaum etwas ohne Zerstörung und Blut. Seit Dinant im 11. Jahrhundert gegründet wurde, lösten sich Belagerungen und Kämpfe ab, 217 an der Zahl. Nicht nur 1466 bei der Strafaktion Philipps des Guten von Burgund wurde die aufsässige Stadt eingeäschert und 800 ihrer Bürger, Rücken an Rücken gebunden, in der Maas ertränkt. Noch nach dem ersten Weltkrieg mußte die Stadt nahezu völlig wieder aufgebaut werden. Nur die Stiftskirche, deren romanische Vorgängerin 1227 einem Felssturz zum Opfer fiel, überstand alles. Bewahrt ist der im Kern frühgotische Bau aus kühlem blaugrauen Stein, mit Chor und Querhaus und zwei mächtigen Turmstümpfen im Westen. Wie gut, daß man im 16. Jahrhundert beschloß, endgültig auf den Bau der beiden geplanten Türme zu verzichten und statt dessen den unorthodoxen, aber umso charakteristischeren Turmhelm in die Mitte setzte, der das Aussehen dieser Kirche so unverwechselbar macht.

Vor allem im Mittelalter war Dinant berühmt durch das Können seiner Kupferschläger und Messinggießer, denen die Stadt ihre Blütezeit im 13. bis 15. Jahrhundert verdankt. Lange Zeit gab es kaum eine Kirche im ganzen Rhein-Maas-Gebiet, die nicht wenigstens einen der großen Osterleuchter, ein Weihwasserbecken, ein Evangelienpult oder ein Taufbecken aus Dinant besaß. »Dinanderien« gibt es auch noch heute. Das meiste aber bewegt sich jetzt in seiner Qualität auf dem Niveau der Souvenirläden. Ganz anders die »Couques de Dinant«. Die Auslagen so mancher Patisserie in der Hauptstraße oder unten am Wasser sind noch immer ein Vergnügen für alle Freunde echter Volkskunst, verwenden doch die Bäcker wie eh und je für ihre flachen, festen Honigkuchen die alten geschnitzten Holzmodeln mit dem ganzen Formenreichtum des 18., vor allem des 19. Jahrhunderts. Dinant sollte man nicht verlassen, ohne auf der Zitadelle gewesen zu sein. 408 Stufen führen hinauf, aber auch ein Sessellift. Noch immer stehen Kanonen und Mörser in den dämmerig-kühlen Kasematten, die 1818 bis 1821 von den Niederländern errichtet wurden. Auf der windumwehten Plattform aber wächst Gras, blühen Glockenblumen und Königskerzen, ausgebreitet liegt die Schleife des Maastales zwischen Anseremme und Bouvignes.

Bevor wir endgültig im Maastal bleiben, bringt uns die Straße Nr. 48 noch einmal ins Condroz. *Spontin* ist unser Ziel, eine eindrucksvolle, vom Wasser der Bocq umspülte Schloßanlage, die noch im 17. Jahrhundert im Stil einer wehrhaften Burg errichtet wurde. Die Haube des Brunnens im inneren Hof gehört mit ihrem aufgelösten Rankenwerk zu den schönsten Arbeiten der Schmiedekunst im ganzen Maasgebiet. Kurvenreich fährt man auf schmaler Straße weiter nach *Crupet*, um eines jener für das Condroz so typischen Schloßgehöfte kennenzulernen, die, befestigt und mit mächtigem Wachturm, an die Zeit der mittelalterlichen Feudalfehden erinnern.

Nun nach Namur. In Yvoir sind wir wieder im Maastal und können, hinüberfahrend ans andere Ufer, die schnellere linksufrige Straße benutzen und dabei Schloß *Annevoie* mit seinem großen Park besuchen, dessen besonderer Reiz das Wasser ist: die sprudelnden Quellen und kleinen Rinnsale, die Bäche und Kaskaden, die Fläche des großen Bassins, in dem die Seerosen blühen und sich die Fassade des Schlosses spiegelt. Landschaftlich abwechslungsreicher fährt man am rechten Ufer der Maas auf einem manchmal allerdings recht kurvenreichen Sträßchen. Felsen zwingen es hinauf und hinunter. Draußen auf dem Fluß fahren Lastkähne und kleine Passagierschiffe; Angler sitzen unter ihren eigenartigen riesigen, grünen Schirmen; Godin und Profondeville jenseits der Maas, Lustin und Dave scheinen eher gepflegte Landhaussiedlungen zu sein als Dörfer. »*Namur* la Belle« liegt am Zusammenfluß von Sambre und Maas. Die strategisch wichtigste Stelle, den Bergsporn

zwischen den beiden Flüssen, besetzten schon die Römer. Unter den Grafen von Namur stand hier eine Burg. Das 17. Jahrhundert errichtete die Zitadelle, die noch im 19. Jahrhundert von den Niederländern verstärkt wurde, und deren vorgeschobene Forts sich noch heute, da sich das Gelände längst in einen weiträumigen Park verwandelte, als strenge geometrische Architekturblöcke im Wasser der Maas spiegeln. Das Ortsbild, das wenig Altes bewahrt, erinnert auch hier an die jahrhundertelangen Streitigkeiten und Kämpfe und die sich immer wiederholenden Zerstörungen. Nicht nur der immerwährende Zwist mit den Lüttichern trug Feuer und Blutvergießen in die Stadt. Auch die Pest kam. Auch Franzosen, Spanier, Engländer, Österreicher, Niederländer, Deutsche. Die Namurer haben alles überstanden. Auf die langsame, bedächtige Art, die man ihnen nachsagt, auf die Art: »Man kann nicht gleichzeitig die Glocken läuten und zur Prozession gehen«, wie es hier heißt. Aber auch mit Schläue und Einfallsreichtum, wie die schöne Geschichte beweist, die von der Belagerung durch Herzog Johann – niemand weiß durch welchen – berichtet wird: Schon nahe am Verhungern sollen die Namurer damals doch Unterhändler geschickt haben, die von dem Fürsten wütend abgewiesen wurden mit dem Bescheid, er wolle niemanden sehen, ob er nun zu Fuß, zu Pferd, mit dem Wagen oder mit dem Boot komme. Als die Stadtväter einige Tage später auf Stelzen erschienen, soll der Herzog über den geistreichen Einfall so entzückt gewesen sein, daß er die Belagerung aufhob. Namur hat sich seine Heiterkeit bewahrt. Auch seine Freude an gutem Essen und Trinken. Man muß nur einmal eines der typischen Gerichte probieren, »saucisse al djote« (Wurst mit Kohl) oder »skinées« (geschmortes Fleisch), die Namurer Apfeltaschen oder die Reistorte, um zu wissen mit wieviel Originalität hier alles zubereitet wird.
Nicht nur ein Besuch der Festung und der Blick von oben über die Stadt lohnt, auch ein Gang durch die Straßen. Man wird so manches Herrenhaus aus dem 18. Jahrhundert finden, auf dem Marktplatz neben dem Hôtel de ville den im 16. Jahrhundert umgebauten Belfried, an der untersten Sambre-Brücke aber das schönste Renaissancehaus der Stadt, die Fleischhalle (1588) mit dem Archäo-

24 *Huy, Bassinia-Brunnen*
Vier Wunder nahmen die Bewohner Huys im
Mittelalter für sich in Anspruch: Li Pontia,
li Tchestia, li Rondia, li Bassinia, die Brücke,
die Burg, die 9 Meter messende Rosette in der
Westfassade der Kirche, den Brunnen. Den
Brunnen goß man 1406 aus der Bronze von
Marie-la-Hideuse, der großen Glocke des
Bergfrieds. Heute ist er der einzige erhaltene
gotische Bronzebrunnen Belgiens.

logischen Museum. Die Kirche St. Lupus in ihrem feierlich-pompösen Barock verdient einen Besuch, ebenso wie die 100 Jahre jüngere Kathedrale. Ihr lichter, klar gegliederter Raum mit der schwebend leichten Vierungskuppel verrät die italienische Schulung des Architekten Gaetano Pizzoni. Kostbarster Besitz der Stadt aber ist der »Trésor du Prieuré d'Oignies aux Sœurs de Notre-Dame«, eine Sammlung von großartigen Werken der Goldschmiedekunst aus dem 13. Jahrhundert, überwiegend von Hugo d'Oignies geschaffen, einem der bedeutendsten Meister seiner Zeit im ganzen Rhein-Maas-Gebiet.

Weiter im Maastal auf der Straße Nr. 17. Drüben am anderen Ufer der Weiler *Bouge,* in dem 1578 Don Juan d'Austria, der Held von Lepanto – wahrscheinlich an der Pest – starb, und die Felsen von *Marche-les-Dames,* die bekannt wurden, als der belgische König Albert 1934 hier beim Klettern den Tod fand. Noch ist das Tal eng und landschaftlich schön. Erst hinter Sclayn treten die Hügel weiter

zurück; nach Andenne, Ben-Ahin und Huy zu beginnt auch die Industrie.
Andenne, der Stadt der Karolinger, begegnet man zum ersten Mal im 7. Jahrhundert, als die hl. Begga, die Mutter Pippin II., ein Kloster gründet »für 32 junge Edelfräulein, denen die Heirat gestattet ist, und 10 Domherren, die den genannten Damen in geistlichen Dingen zu Dienst stehen«. Karl Martell, der die Araber 732 bei Poitiers schlug und damit das weitere Vordringen des Islam verhinderte, soll hier geboren und aufgewachsen sein.
Auch *Huy* ist alt. 985 kommt es als Geschenk Anfrieds, des letzten Grafen von Huy, an den Lütticher Bischof Notker. Schon im Mittelalter war es eine blühende Handelsstadt, nicht nur für Zinn- und Kupferwaren, sondern auch für Briolet, für den Wein, den man bis ins 20. Jahrhundert hier baute und den schon die Fürstbischöfe schätzten.
Wie jede größere Stadt in diesem Abschnitt des Maastales, wie Dinant, Namur und Lüttich, besitzt auch Huy seine Zitadelle. Seine Geschichte aber ist aufs

engste mit der Lüttichs verknüpft und verlief im ganzen etwas ruhiger als die Dinants oder Namurs. So ist auch die Stiftskirche mit ihrem mächtigen Vierkantturm wohlerhalten: ein dreischiffiger gotischer Bau, 1311 bis 1377 über romanischen Fundamenten und einer Krypta des 11. Jahrhunderts errichtet, mit einem fast schwerelos ins Gewölbe aufsteigenden Inneren, einer großartigen, neun Meter umfassenden Fensterrose, den liebenswürdigen Reliefs von Geburt und Anbetung Christi im Giebelfeld des sogenannten Bethlehemportals und reichem Kirchenschatz. So steht auch noch manch schönes altes Haus in den Straßen und Gassen und um das Geviert des Marktplatzes mit dem Rathaus im Stil Ludwig XV. und dem Bassinia-Brunnen von 1406. Lange Zeit zählte man ihn zu den »Wundern« der Stadt. Heute ist er der einzige erhaltene gotische Bronzebrunnen im südlichen Belgien.

Drüben über der Maas bringt uns die Straße Nr. 23 in kürzester Zeit zur Autobahn Lüttich – Namur – Mons.

Hennegau und Westflandern

Nur wenige Male auf unserer Fahrt durch Belgien, Luxemburg und die Niederlande möchte ich vorschlagen, auf einer längeren Strecke die Autobahn zu benutzen. Der Beginn unserer Route 5 gehört dazu. Wir werden ohnehin auch später auf unserer Fahrt nach Binche und Mons genug sehen von einem der wichtigsten Industriegebiete Belgiens mit seinen Schlakken- und Abraumhalden, den Fördertürmen, Fabrikhallen und rauchenden Schloten. Lange nicht so früh industrialisiert wie die Gegend um Lüttich, bildete das Kernstück des Hennegaus entlang der Sambre mit den Kohlevorkommen um Charleroi, im Bassin du Centre und in der Borinage doch bis in die jüngste Zeit zusammen mit den Minettevorkommen Lothringens, mit Saar- und Ruhrgebiet, das Rückgrat der mitteleuropäischen Schwerindustrie. Wie im Ruhrgebiet liegt einer der volkreichen Bergarbeiterorte neben dem anderen, Industriestadt neben Industriestadt. Seit sich in zunehmendem Maß eine Erschöpfung der Kohlelager abzeichnet und man 1962 begann, kleinere und unrentable Zechen stillzulegen, befindet sich das Land hier im Umbruch. Sicher wird auch dieser tiefgreifende industrielle und soziale Strukturwandel die spottlustige Fröhlichkeit des Hennegauers, seine Freude an alten Volksliedern und überliefertem Brauchtum so wenig beeinträchtigen können, wie die damals vor etwa 150 Jahren einsetzende Industrialisierung.

Wenn wir die Autobahn Lüttich – Namur – Mons bei der Ausfahrt Le Roeulx verlassen, liegt Charleroi schon hinter uns. Nördlich der Autobahn zeigt der Hennegau sein zweites, ursprüngliches Gesicht. Dort ist das Land fruchtbar, ein Bauernland mit ertragreichen, lehmigen Böden. Wir werden diesem stilleren, geruhsameren Hennegau hinter Mons, der Hauptstadt des »schwarzen Landes« wieder begegnen. Zunächst fahren wir nach Süden mitten hinein ins Bassin du Centre, durch nicht enden wollende Straßen mit gleichförmigen, nichtssagend ordentlichen Häusern aus rotem Backstein. *Binche* ist unser Ziel, eine Stadt des 12. Jahrhunderts, die Bauduin IV., »der Erbauer«, wie kein anderer bemüht, durch Gründung neuer Städte sich im Hennegau die Macht zu sichern, mit einer von sechs Toren und 27 Türmen besetzten

Stadtmauer umgab. Maria von Ungarn, Schwester Kaiser Karl V. und von ihm zur Statthalterin der Niederlande eingesetzt, ließ sich in Binche nicht nur ein Schloß bauen, das als ausnehmend prunkvoll gerühmt wurde. Sie gab hier im August des Jahres 1549 zu Ehren des Kaisers und seines Sohnes, des Infanten von Spanien und späteren Königs Philipp II. auch ein so rauschendes und einfallsreiches Fest, daß man noch lange davon sprach. Am Festzug sollen aus Stolz über die gerade erfolgte Eroberung Perus auch Indianer mit hohem Federschmuck teilgenommen haben. Wenig blieb vom damaligen Glanz: Teile der Stadtmauer, Trümmer des Palastes. Nur der federgeschmückte Gille lebt. Ihm gehört nicht nur der »Mardi Gras«, der Dienstag vor Aschermittwoch. Die Gilles machten Binche auch zur bekanntesten »Karnevalsstadt« Belgiens. Vorn und hinten bucklig; in Anzügen voller kleiner schwarzer und roter Löwen, roter, goldener und schwarzer Kronen und Sterne; in Holzschuhen und mit blinkendem Schellengürtel; vom späten Nachmittag an auch im Schmuck des hohen Kopfputzes aus Straußenfedern: so durchziehen sie, von Trommlern begleitet, an diesem Tag, dem einzigen des Jahres, von der Morgendämmerung bis tief in die Nacht in archaischem Tanzrhythmus die Straßen der Stadt. Ein hinreißendes, mitreißendes Schauspiel, das, je weiter der Tag fortschreitet, mehr und mehr Zuschauer, Mitakteure anzieht. Mittelalterliche Überlieferungen, heidnische Fruchtbarkeitsriten, Anklänge an das Volkstheater, die Würde einer jahrhundertealten streng bewahrten Tradition, dazu die ganze schwermütige, allem Übermaß abholde Heiterkeit des Wallonen, all dies mischt sich im Gille. Es macht ihn und seinen Tanz zu einem Ereignis, das weit hinausragt über die längst vom Kommerz überwucherte Fröhlichkeit des rheinischen Karnevals. Wer nicht im Karneval in Binche sein kann, wird in den Vorführungen des dortigen »Musée international du Carnaval et du Masque« doch immerhin einen Eindruck gewinnen von diesem fremdartigen, in unterbewußte Schichten hinabreichenden Gepränge des Bincher »Mardi Gras«.

Auch in *Mons*, der 16 km westlich von Binche am Rande der Borinage gelegenen Hauptstadt des Hennegaues, lebt altes

25 *Binche, Gilles*
Einmal im Jahr, am »Mardi Gras«, dem Dienstag vor Aschermittwoch, gehört Binche den Gilles, die dann von der Morgendämmerung bis tief in die Nacht die Straßen der Stadt im archaischen Tanzrhythmus durchziehen, zunächst in ihren eigenartigen weißen Hauben, vom späten Nachmittag an im Schmuck des hohen Kopfputzes aus Straußenfedern.

26 *Im Park von Schloß Belœil*
Seit über 600 Jahren leben hier die Fürsten aus dem Hause Ligne. Das vierflügelige Schloß aus dem 17. Jahrhundert ist voll mit den Schätzen von Generationen, ein wahrhaft fürstliches Ensemble von Möbeln, Bildern, Tapisserien. Der besondere Ruhm Belœils aber ist der weitläufige Park, dem vor allem Charles-Joseph de Ligne, Feldmarschall, geistvoller Diplomat und leidenschaftlicher Gärtner im 17./18. Jahrhundert viel von seiner Zeit widmete.

Brauchtum. Am Sonntag Trinitatis, dem ersten Sonntag nach Pfingsten, zieht ein Sechsergespann von Brabanter Pferden den »Goldenen Wagen« mit dem Reliquienschrein der hl. Waudru in einer feierlichen, seit dem Pestjahr 1348 stattfindenden Prozession durch die Straßen der Stadt. Danach aber tötet der hl. Georg in einem vielbejubelten Kampf ein grün schillerndes Untier, den Drachen Lumeçon, singt die ganze Stadt die alte, aus dem 13./14. Jahrhundert stammende Volksweise

»C'est l'doudou, c'est l'mama,
c'est l'poupée St. Georges qui va«.

Außerhalb dieses festlich-fröhlichen Tages ist Mons eine lebhafte Industriestadt, deren altem und malerischem Stadtkern man noch heute, vor allem um den Marktplatz, den Wiederaufbau des späten 17. Jahrhunderts unter den Franzosen anmerkt. Auch in Mons, dem immer wieder belagerten und besetzten, blieb wenig aus der Blütezeit der Stadt während der Gotik: das zweigeschossige Rathaus mit seinen Spitzbogenfenstern, vor allem aber die Stiftskirche St. Waudru, einer der Höhepunkte der spätgotischen Kirchenbaukunst des Landes. Dreischiffig, hell und weiträumig ist das Innere des 108 Meter langen Baues, großartig in dem fast mühelos wirkenden Aufwärtsdrang der ohne Kapitelle aufstrebenden Pfeilerfolge. Dann aber sollte man hinaufsteigen zu dem Hügel inmitten der Stadt, dem Mons = Bergen seinen Namen verdankt. Hier, auf der Höhe über dem Kloster, das die Merowingerin Waudru im 7. Jahrhundert gründete und das zur Keimzelle der Siedlung wurde, errichteten die Grafen von Hennegau eine ihrer Burgen, hielten sie glanzvoll Hof. Vom 87 Meter hohen Belfried, den das 17. Jahrhundert im Bereich der ehemaligen Burg errichtete, schaut man hinunter auf die Stadt und weit hinaus über das nun, da viele Zechen bereits stillgelegt sind, auch nach Süden und Osten allmählich wieder grün werdende Land.

Nordwestlich von Mons, dort wo Belœil liegt und Ath, ist der Hennegau ohnehin noch so, wie er immer war: ein heiteres Land, ein Land der Bauern mit großen, locker gefügten Dörfern. Aber auch ein Land der Schlösser. Über 100 hat man einmal gezählt. Eines der prächtigsten, auch besuchtesten, ist *Belœil,* das Schloß

der seit über 650 Jahren hier ansässigen Fürsten von Ligne. So manches Auto trägt hier den Aufkleber »Dimanche je vais à Belœil«. Man sollte also besser am Werktag kommen, wenn man in Ruhe nicht nur das Schloß besichtigen will, in dem sich Architektur und Einrichtung, Möbel, Bilder, Tapisserien, zu einem wahrhaft fürstlichen Ensemble verbinden, sondern auch den großen Park. Seit ihn Claude-Lamoral de Ligne im 17. Jahrhundert in französischem Stil anlegte, seit ihn sein Sohn Charles-Joseph, der einmal schrieb »Ich möchte der ganzen Welt meine Liebe zu den Gärten einflössen, weil mir scheint, daß ein Böser sie nicht haben kann . . .«, seit ihn dieser fürstliche Gärtner mit leidenschaftlicher Hingabe und voller Phantasie umgestaltete, ist er der besondere Ruhm Belœils.

Ist man im Sommer hier, genauer gesagt am letzten Wochenende im August, so sollte man nicht über Leuze-en-Hainaut direkt nach Tournai, sondern auf schmalen, gepflasterten Straßen durch Wiesen und Felder, zwischen denen lange Reihen von Pappeln stehen, zuerst nach *Ath* fahren. Denn an diesem Wochenende sind in der kleinen Stadt, die wie Binche ihren Ursprung Bauduin IV., dem Städtegründer unter den Grafen von Hennegau verdankt, – außer allen Bewohnern und vielen Besuchern – die Riesen unterwegs. Lange Zeit, wohl von der Mitte des 15. bis ins 18. Jahrhundert wurde der Riese Goliath, »Gouyasse«, wie er hier vertraulich heißt, nur von dem gefährlichen kleinen Hirten David begleitet. Im Jahr 1715 aber fanden die Ather, daß auch für einen Riesen das Alleinsein auf die Dauer nicht das Rechte sei. Seither feiert Gouyasse jedes Jahr am letzten Samstagnachmittag des August seine feierlich-fröhliche Hochzeit mit einer liebenswürdigen, bescheiden blickenden Riesin. Kein Wunder, daß Goliath sich nicht davon abbringen läßt, weiter zu leben, und trotz des mörderischen Angriffs von David vor dem Rathaus ruft »Hé! J'n'sus gnieu co mort!«, »Ich bin noch lang nicht tot!« Kann er sich doch weder von seiner gerade vor Standesamt und Kirche angetrauten Madame Gouyasse trennen, noch darauf verzichten, am Sonntag mit ihr und all den anderen Riesen, mit Mam'selle Victoire und dem Pferd Bayard mit den vier Haimonskindern, mit Samson und dem Hel-

61

den Ambiorix im großen Festzug mitzutanzen.

Ob direkt oder über Ath, man wird auf der Straße Nr. 8, vorbei an riesigen Steinbrüchen und Zementwerken, nach *Tournai* kommen, einer der interessantesten Städte des Landes. Das Doornik der Flamen, die Stadt an der Schelde, ist alt. Schon im 2. Jahrhundert wird es erwähnt; schon die Römer betrieben hier Steinbrüche und Kalköfen, züchteten Schafe. Die Merowinger aber machen die Stadt im 5. Jahrhundert zu ihrer Hauptstadt. Childerich wird hier begraben, Chlodwig geboren. Von Tournai aus gründen sie ihr Frankenreich, das erstmals romanische und germanische Völkerschaften verbindet, antike Kultur und christliche Vorstellungen verschmilzt, ohne das die Entwicklung Europas nicht denkbar ist. Eine ähnlich wichtige politische Rolle hat die Stadt später nie wieder gespielt. Sie erleidet das Schicksal aller dieser im Spannungsfeld verschiedenster nationaler und wirtschaftlicher Interessen liegenden Städte, gehört abwechselnd zu Flandern und Frankreich, aber auch zu Spanien, zu Österreich. Und konnte doch, trotz aller blutigen Auseinandersetzungen, dank ihrer Architekten und Bildhauer, ihrer Maler, Gold- und Kupferschmiede, ihrer Teppichweber, im Mittelalter eine neue Sonderstellung, diesmal auf künstlerischem Gebiet, erringen. Im 14./15. Jahrhundert waren die charakteristischen Arbeiten der Bildhauer aus »pierre bleue de Tournai« über halb Europa verbreitet. Robert Campin, der Meister von Flémalle, einer der Wegbereiter der niederländischen Tafelmalerei, hat hier gewirkt, Rogier van der Weyden ist hier geboren. Die in Tournai im späten 15. Jahrhundert für den burgundischen Hof gearbeiteten Bildteppichfolgen gehören zu den großartigsten Leistungen der an großen Werken wirklich nicht armen flämischen Tapisseriekunst. Bis zu den schweren Luftangriffen des Jahres 1940 galt Tournai neben Brügge als die an Kunstschätzen reichste Stadt Belgiens. Großenteils einfühlsam restauriert, auch Neues mit Altem verbindend, hat die Innenstadt viel von ihrer früheren Schönheit und Bedeutung zurückgewonnen. Noch stehen die beiden ältesten westeuropäischen Bürgerhäuser in der rue Barre Saint-Brice; bewacht der 72 Meter hohe freistehende Belfried mit

seinem schönen Glockenspiel die Weite des – leider als Parkplatz dienenden – Grand'Place mit der glanzvollen Renaissancefassade der Tuchhalle und der lebendigen Reihung der Giebel. Es stehen die meisten der Kirchen, die Pont des Troues überspannt die Schelde, Häuser aus allen Jahrhunderten sind zu bewundern. Einer Krone gleich aber beherrscht die Kathedrale Notre-Dame mit fünf machtvollen Türmen die Stadt.

Seit dem Jahr 508, seit die Merowinger ihren Hauptsitz nach Paris verlegten und der in Tournai geborene Eleutherius als erster Bischof in den Königspalast einzog, ist Tournai Bischofsstadt, besitzt es eine Kathedrale, die sich im 11. Jahrhundert auch zum Ziel einer der großen Wallfahrten des Mittelalters entwickelte. 42 Kanoniker, zwölf Großvikare, nahezu 50 Kapläne zelebrierten hier im 14. Jahrhundert ununterbrochen bei Tag und Nacht das Meßopfer. Als man im 12./13. Jahrhundert die heutige Kirche errichtete, entstand ein Bau, der in der Klarheit und kraftvollen Reinheit seiner Architektur zu den großen Schöpfungen der Baukunst des Abendlandes zu zählen ist. In viergeschossigem Aufriß – zum ersten Mal in der Geschichte der europäischen Baukunst fügt man blinde Triforien zwischen Galerie und Fenstergaden – zieht das hochromanische Langhaus in einer gewaltigen 130 Meter langen Raumflucht nach vorne, wird gefangen im Querschiff und der kunstvoll durchbrochenen Scheidewand des Lettners von Cornelis de Vriendt. Dahinter der alle bisherigen Maßstäbe sprengende Hochchor in reinster Gotik, 58 Meter lang und 14 Meter höher als der Scheitel des Langhauses. Die Schatzkammer birgt auch hier Kostbarstes: den Marienschrein des Nikolaus von Verdun, den 1247 vollendeten Schrein des hl. Eleutherius, einen der letzten großen Prachtschreine des Rhein-Maas-Gebietes. Einmal im Jahr, am zweiten Sonntag im September, werden sie goldschimmernd und strahlend in der großen Prozession mitgetragen, die seit dem Pestjahr 1032 zu Ehren »Unserer Lieben Frau der Kranken« durch die Straßen Tournais zieht.

Eine breite, fast schnurgerade Straße, die Nr. 71, führt nach Norden, nach *Kortrijk (Courtrai)* und hinein nach Westflandern. Das Land wird eben, so eben, daß – wie

28 Ath, bei der Hochzeit Goliaths
Riesen gibt es seit dem Mittelalter in vielen belgischen Orten. In Ath aber feiert man, seit man 1715 fand, es sei selbst für einen Riesen nicht schön, allein zu leben, alljährlich im August die fröhliche Hochzeit Goliaths mit einer bescheiden blickenden, hübschen Riesin; ein Ereignis, das zu einem zwei Tage dauernden Volksfest wird.

29 Kortrijk, im Beginenhof
Seit dem 12., vor allem aber im 13./14. Jahrhundert schlossen sich Frauen, seltener auch Männer, in klosterartigen Laiengemeinschaften zusammen, die gemeinsam in Beginenhäusern und -höfen lebten. Vor allem in Belgien, wo sich die Beginen auch der Pflege der Armen und Kranken widmeten, überlebte die »Collegia Beguinarum« die spätere, zum Teil grausame Verfolgung. So gibt es hier nicht nur noch eine ganze Reihe der schönen alten, von einer besonderen Stille durchzogenen Beginenhöfe, sondern auch noch eine ganze Anzahl von Frauen, die dieser Gemeinschaft angehören.

*Der Blick vom Belfried in die kleinen Straßen
hinter dem Chor der Kathedrale läßt auch
heute noch, da Tournai nach den Zerstörungen
des letzten Krieges vielfach wiederaufgebaut
werden mußte, etwas ahnen von der engen Ver-
flochtenheit kirchlichen und weltlichen Lebens,
die so typisch war für die mittelalterliche Stadt.*

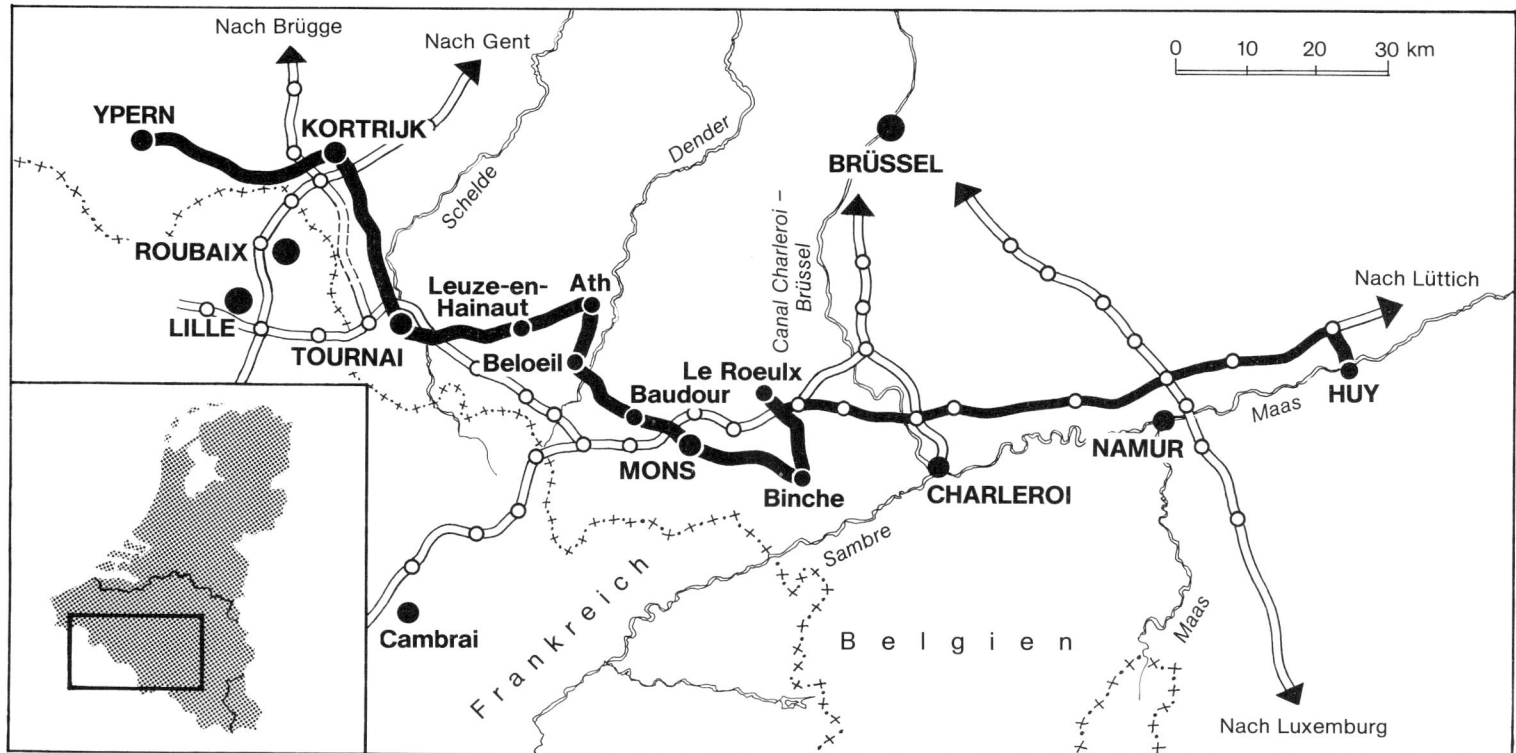

man hier sagt – man einen Mann am Morgen fortschicken kann und ihn abends
noch immer laufen sieht. Vor allem um
Kortrijk baut man Flachs, auf endlosen
Feldern nur Flachs. Die Stadt, die schon
im Mittelalter gerühmt wurde wegen ihres
Leinens und ihrer Damaste, ist noch heute
eines der bedeutendsten Zentren der
Textilindustrie innerhalb der EG. Eine
lebhafte, höchst betriebsame Stadt, vor
allem um den Grote Markt mit dem Belfried, dem Rathaus und den vielen wohl-
sortierten Geschäften. Kaum 100 Meter
von diesem quirligen Mittelpunkt liegt der
Beginenhof mit seinen über 40 weiß-
gekalkten kleinen Häusern zwischen der
Kirche St. Martin und der Liebfrauenkirche. Ihre Türme blicken in die schmalen, nur dem Fußgänger offenen Gassen.
Allein die Melodien des Glockenspiels
dringen in die große, geruhsame Stille.
Den Flamen verknüpft sich der Name
Kortrijk vor allem mit der sogenannten
Sporenschlacht des Jahres 1302, dem nie
vergessenen Sieg der flandrischen Bürger
über das französische Ritterheer. 700 goldene Sporen sammelten die Flamen auf
dem Schlachtfeld vor den Toren Kortrijks
und hängten sie als Zeichen ihres
Triumphs in der Liebfrauenkirche auf, bis
die Franzosen sie 80 Jahre später wieder
zurückholten.

Weit größer und mächtiger als Kortrijk,
bedeutender auch als Zentrum der Tuchherstellung, war im Mittelalter *Ypern*.
Schon 1127 besuchten selbst italienische
Kaufleute seine Märkte, Mitte des 13.
Jahrhunderts galt es weitum als die reichste Handelsstadt, als Metropole West-
flanderns. 4000 Webstühle sollen damals
in Betrieb gewesen sein. »Die Hallen«, an
denen man wohl das ganze 13. Jahrhundert hindurch baute, stolzer Inbegriff dieser Stadt der Tuchmacher und ihrer
Zünfte, wurden mit einer überbauten
Fläche von 4872 Quadratmetern, dem
70 Meter hohen Belfried und der 132
Meter langen, zum Großen Markt blik-
kenden Fassade zu einer unerhörten
Glanzleistung der profanen Baukunst der
Frühgotik. Doch das Glück war der Stadt
nicht lange hold. Neid regte sich. Schon im
14. Jahrhundert vernichteten die mit den
Gentern verbündeten Engländer die blühende Wollfabrikation. Immer wieder,
durch all die Jahrhunderte, wird die Stadt
belagert und eingenommen. Erst die Jahre
1914 bis 1918 aber bringen mit den blutigen Kämpfen im Ypernbogen die völlige
Vernichtung der Stadt. Nicht nur das
Erinnerungsmal des Meninbogens, der
1920 in Ypern für 54 896 britische Soldaten errichtet wurde, hält die Erinnerung
wach an die Schrecken dieses Stellungs-
krieges. Auch draußen auf den einstigen
Schlachtfeldern, wo sich nun wieder
Äcker und Wiesen dehnen, einzelne
Baumgruppen stehen, Gehöfte aus roten
Ziegeln, wo Hopfen und Tabak gebaut
werden, Rinder und Schweine weiden,
stehen immer wieder die Wegweiser zu
Kriegsgräberstätten. Ypern selbst ist
heute eine moderne, einfühlsam wieder-
hergestellte Stadt. Wie seit Jahrhunderten
feiert man mit Begeisterung das stürmisch-
fröhliche Katzenfest, freut man sich am
traditionellen »Hutsepot«, einem Ge-
müseeintopf mit Fleisch, an »Hennepot«
(Huhn im Topf) und an Flußaal grün.
Denn wie Charles De Coster seinen Ulenspiegel sagen läßt: »Flandern kann schla-
fen, aber sterben – nie!«

Nordseeküste und Brügge

Seit wir hinter Tournai das Tal der Schelde verlassen haben, sind wir in Flandern, genauer gesagt der heutigen belgischen Provinz Westflandern, deren Grenze östlich von Kortrijk nach Norden verläuft. Der Name Flandern soll »Flachland«, »überschwemmtes Land«, bedeuten. Er kommt zum ersten Mal in der Vita Eligii des 8. Jahrhunderts vor und bezeichnet zunächst das Poldergebiet um Brügge. Im 9. Jahrhundert beginnt Balduin, der mit dem eisernen Arm, Statthalter des westfränkischen Königs, ziemlich skrupellos die eigenen Besitzungen auszuweiten und ermöglicht so die Gründung der Grafschaft Flandern unter seinem Sohn Balduin II. im Jahre 879. Der Einflußbereich der flandrischen Grafen vergrößert sich rasch, dehnt sich vor allem — zumal durch die Belehnung Balduin V. mit dem »Land der vier Ambachten« und der Landschaft Aalst durch den Kaiser im Jahre 1056 — nach Süden und Osten aus. Beeinflußt durch Kriege, Abmachungen und Heiraten wechseln die Grenzen des Landes. Die Grafen aber werden bald mächtig genug, selbst dem König von Frankreich gegenüber ihre eigene Politik zu vertreten. Reich geworden durch seine Tuchmacher und Leinenweber, durch seine Kaufleute, erlebt das Land, voran die Städte Brügge, Gent und Ypern, vor allem im 14./15. Jahrhundert eine Blütezeit ohnegleichen. »Flandern, ein reiches Land« schrieb 1512 der bei Nürnberg geborene Johannes Cochläus. Noch 1654 heißt es in Matthäus Merians »Topographia Circuli Burgundici«: »Diese Graffschafft, so an Macht und Grösse keinem Hertzogthumb weichet, unter allen Graffschafften der gantzen Christenheit für die gröste gehalten wird... Gibt wolgestalte und hertzhaffte Männer, welche sich überflüssigen Haußraths, köstlicher und unterschiedlicher Kleidung, schöner und bequemer Gebäu gebrauchen ... Seyn so wol in jhrer mütterlichen als frembder Sprache beredtsam, fähig guter Künsten... Geben gute Mahler, Bildschnitzler und andere Handwercks- auch Ackerleut. Machen schöne subtile Leinwat, gute Barchet, Tücher und dergleichen; so sie wie auch die Teppich wol färben und zurichten ... Ihre Sitten seyn auß der Teutschen gravität nord der Frantzosen Munterkeit gemischt. Sie zechen gern, und bißweilen biß sie truncken werden ... Haben viel Garkuchen, Spielhäuser und dergleichen. Sie

balgen sich auch gern: aber trachten einander nicht mit Fleiß nach dem Leben ...«. Noch heute gelten die Flamen, das Volk Pieter Bruegels, David Teniers, Adriaen Brouwers und Jakob Jordaens als fröhliche Esser und Trinker, als Festefeierer von hohen Graden. Nicht umsonst heißt ein altes, noch immer beliebtes Sprichwort: »Eine richtige Kirmes ist ein Fegefeuer wert«.

Wenn wir von Ypern aus auf der Straße Nr. 65 nach Norden fahren, so kommen wir jenseits der Ijser in das Gebiet Veurne-Ambacht. Eine charakteristische Landschaft mit Wiesen voller weidendem Vieh, unterbrochen von schnurgeraden Reihen hoher Pappeln, kleinen Weihern, Flußläufen und Kanälen. Der steife Südwest, der häufig bläst, riecht schon nach dem Salz der Nordsee. Mittelpunkt dieser einstigen, 72 Gemeinden umfassenden Vogtei der Grafen von Flandern ist *Veurne*, der einzige Ort weit und breit, den die Geschütze des 1. Weltkrieges verschonten. Wohl erhalten und in beglückender Geschlossenheit, mit nobler Würde, empfängt uns das Rechteck des Großen Marktes mit seinen Häusern aus dem späten Mittelalter. Der Belfried und die Türme der beiden Kirchen St. Walburg – nie vollendet, doch auch als Torso von großer Harmonie – und St. Nikolaus schauen herab. Ringsum stehen die wichtigsten Bauten der Stadt: das Rathaus mit seiner schönen Renaissance-Loggia und den Ledertapeten aus Mecheln und Cordoba, das ehemalige Landhuis, die Fleischhalle, das ehemalige Wachlokal der spanischen Garde und der sogenannte Pavillon der spanischen Offiziere. Mit Treppengiebeln reihen sich die Häuser. Vieles, nicht nur die Architektur, erinnert hier an die Spanier, an das 16./17. Jahrhundert, als die Habsburger von Madrid aus die flämischen Provinzen regierten, Veurne eine spanische Garnisonsstadt war. Zieht gar am letzten Sonntag im Juli die »Procession de Pénitance« durch die Straßen, die Figurengruppen und die barfüßigen, ein Kreuz schleppenden Büßer in ihren schwarzen, das Gesicht verdeckenden Kapuzenmänteln, so scheint tatsächlich die Epoche Philipp II. in ihrer ganzen düsteren Mystik wieder lebendig zu werden.

Das Meer ist nah. Sechs Kilometer trennen uns von der Nordsee und von *De Panne*, dem letzten belgischen Ort vor der fran-

31 *Veurne, Rathaus*
Veurne ist der einzige Ort weit und breit, den die Geschütze des 1. Weltkrieges verschonten, obwohl – oder weil? – 1914/15 sich hier das Hauptquartier der belgischen Armee befand. So ist vieles aus der Blütezeit der Stadt erhalten, auch aus der Zeit, als Veurne im 17. Jahrhundert Sitz eines anderen Hauptquartiers war, das der spanischen Offiziere. Besonders schön ist das 1596 bis 1612 von Lieven Lukas erbaute Rathaus, ein Schmuckstück der Renaissance mit zwei Giebeln und einer zierlichen Loggia.

32 *Dünenlandschaft vor Ostende*
Seit in den letzten Jahrzehnten auch an der belgischen Küste der Tourismus immer beherrschendere Züge annimmt, ist von De Panne bis Knokke wenig geblieben von der einstigen Stille und Unberührtheit. Nur im Frühjahr, im Herbst kann man noch etwas vom Zauber der weiten Dünenlandschaften an der Nordsee wiederfinden.

33 *Kanal bei Damme*

Damme war zur Blütezeit Brügges der Seehafen dieser durch Handel zu Reichtum gekommenen Stadt. Bis hierher reichte der Zwijn, ein Meeresarm der Nordsee. Hier lud man die Waren von den seetüchtigen Seglern auf kleinere Schiffe um, die auf dem Flüßchen Rei bis nach Brügge hineinfahren konnten. Als im 15. Jahrhundert der Zwijn zu versanden begann, verlor auch Damme an Bedeutung, geriet fast in Vergessenheit, bis Charles de Coster im flandrischsten aller Bücher hier seinen Thyl Ulenspiegel daheim sein ließ.

zösischen Grenze. 1831 betrat hier Leopold I., der erste König der Belgier, sein Land. König Albert, sein Enkel, verbrachte hier den 1. Weltkrieg. 67 km Küste liegen vor uns, 67 km Straße zwischen De Panne und Knokke, 67 km feiner, endloser Sandstrand – bei De Panne so breit, daß selbst die Sandsegler ihrem schnellen Sport huldigen können – aber auch 67 km Küstenlandschaft, der man nahezu alles Elementare genommen hat. Seit 100 Jahren, in den letzten Jahrzehnten in nahezu beängstigend hektischem Ausmaß, hat man alles getan, um Strand und Meer und den notwendigen Streifen Hinterland dem Tourismus dienstbar zu machen. De Panne, Koksijde, Nieuwpoort, Westende, Middelkerke, Ostende, De Haan, Wenduine, Blankenberge, Zeebrugge, Heist, Knokke – fast ohne Zwischenraum geht ein Badeort in den anderen über, Hotel reiht sich an Hotel, Appartementsiedlung an Appartementsiedlung, Ferienhaus an Ferienhaus. Nur exklusiver und teurer wird es von West nach Ost. Im Sommer scheint hier immerwährender Jahrmarkt zu sein voller Buntheit, Lärm und Überfluß. Eigenartigerweise spielt sich das eigentliche Badeleben nicht so sehr am Wasser ab, als auf den Strandpromenaden vor der Kulisse aus Beton und Glas. Hier wird flaniert und gekauft, gegessen und getrunken. Doch liegt selbst noch über dieser von Eis und Frites beherrschten Szene ein Hauch der entspannten Atmosphäre flandrischen Wohllebens, verbürgt durch die zahllosen Restaurants, die nicht nur das Übliche, Internationale servieren, sondern auch, und vor allem, eine Fülle von Fisch-, Krabben- und Muschelgerichten. Mittelpunkt der ganzen Küste, nicht nur in geographischem Sinn, sondern auch seiner Bedeutung nach, ist *Ostende,* die einzige Stadt Belgiens am Meer. Eine Stadt mit Prunkfassaden des 19. Jahrhunderts, mit einer Menge Läden, auch teuersten Zuschnitts, mit noch mehr Hotels, mit Grünanlagen, einem Koloß von Casino, aber auch mit Dämmen und Schleusen und einem der wichtigsten Seehäfen des Landes, mit einem umfangreichen Frischfischhandel und großen Konservenfabriken. Außerhalb der Saison mag man in den flachen Dünen, vor Ostende etwa oder auch zwischen De Haan und Blankenberge, wo nur vereinzelt Wald hochkommt, wo Sanddorn wächst, Ginster und

Heide, vor allem aber das harte Grün des Strandhafers, noch Stille und Ursprünglichkeit erleben. Der späte Herbst, der Winter bringt selbst an dieser »erschlossenen« Küste noch etwas zurück von der archaischen Kraft der Nordsee. Aber selbst im Sommer kann man, verläßt man nur die Küste, ein Stück altes Flandern wiederfinden, die Weite dieser Landschaft mit ihren Pappelreihen und den Weidekoppeln, über denen die Lerchen trillernd in das durchsichtige Blau des Himmels steigen. Auch die Fahrt von Knokke über Hoeke und auf schmaler Straße am Kanal Brügge-Sluis entlang ist eine Fahrt in die Stille. Sie bringt uns nach *Damme,* der flandrischsten aller Städte, seit Charles De Coster hier seinen Thyl Ulenspiegel daheim sein ließ.

In Damme befinden wir uns schon im Bannkreis *Brügges.* Es gab Zeiten, in denen die kleine, verschlafene Stadt so wichtig war, daß die in der Seefahrt geltenden Vereinbarungen als das »Seerecht von Damme« bekannt waren; daß sich die Burgunderherzöge Philipp der Gute und Karl der Kühne in der heute ruinösen Liebfrauenkirche mit Isabella von Portugal und Margareta von York trauen ließen. Damme war damals der Seehafen Brügges, ein wohlgeschützter Hafenplatz am Ende des Zwijn, einem schon den Normannen bekannten Meeresarm der Nordsee, der zwischen Hoeke und Sluis 12 km weit ins Land vorstieß. Mit Damme stand und fiel der Reichtum Brügges, hatte die Stadt doch kaum eigenes Gewerbe, sondern konzentrierte ihre ganze Energie von Anfang an auf den Handel. Schon als die Grafen von Flandern im 9. Jahrhundert ihre Burg errichteten, war Brügge einer der bedeutendsten Plätze für den Wollhandel mit England. Im 13. Jahrhundert trafen sich hier die wichtigen Handelsstraßen aus Italien, England, dem Baltikum und Rußland. Kaufleute aus 17 Ländern hatten ihre Faktoreien in der Stadt. Brügge kontrollierte nahezu den gesamten Woll- und Tuchhandel zwischen England und dem Kontinent, wurde Sitz der flandrischen und wichtiger Stapelplatz der deutschen Hanse, galt als eines der Zentren des damaligen Welthandels.

Um die Wende zum 14. Jahrhundert war die Stadt bereits reich, reich und selbstbewußt. Sie konnte Philipp den Schönen, König von Frankreich, bei seinem Besuch in der Stadt mit so viel Prunk und Aufwand empfangen, daß sich seine Gemahlin Johanna von Navarra verstimmt zu der gereizten Feststellung hinreißen ließ »Ich glaubte allein Königin zu sein, hier aber sehe ich hunderte um mich«. Wenig später führte die ständige Bevormundung durch den Statthalter Philipps, verbunden mit einer allgemeinen Unzufriedenheit, zum Aufstand der Zünfte, zur blutigen »Brügger Matinée«, bei der jeder sofort hingerichtet wurde, der »Schild en Vriend« nicht in makellosem Flämisch zu sprechen vermochte, und schließlich 1302 zu der von den Brüggern und Gentern angeführten sogenannten Sporenschlacht bei Kortrijk.

Als rund 80 Jahre später die Herzöge aus dem Hause Burgund durch Heirat in den Besitz Flanderns kamen, zumal als sie zu Beginn des 15. Jahrhunderts ihre Residenz nach Brügge verlegten, begann die glanzvollste Epoche in der Geschichte der Stadt, wurde Brügge endgültig zu jenem Kleinod der Städtebaukunst, das wir heute in seiner mittelalterlichen Reinheit wieder bewundern. Seit dem 12. Jahrhundert bestimmte eine städtische Bauordnung die architektonische Entwicklung Brügges, dessen Grenzen im 13. Jahrhundert durch Stadtmauer und Graben festgelegt waren. 1280 begann man mit der Errichtung des Belfrieds, der mit seinen 107,5 Metern der höchste des Landes werden sollte, errichtet aus den gleichen Backsteinen, die auch so vielen anderen Gebäuden der Stadt in ihren von warmem Ocker bis zu braunrotem Violett spielenden Farbtönen einen besonderen Reiz verleihen. 1376 folgt das Rathaus, prunkend im zarten, aufgelösten Flamboyant-Stil der Spätgotik. Unter den burgundischen Herzögen Philipp dem Guten, Karl dem Kühnen aber gewinnt die Stadt noch eine weitere Dimension, wird Brügge auch zu einer Kunststadt von hohen Graden. Vor allem Philipp der Gute, dem Luxus keineswegs abhold, den bizarren Einfällen der Mode ebenso zugetan wie den mit großem Gepränge veranstalteten Lustbarkeiten, war auch ein Mäzen großen Stils, ein Förderer der Musik, der Dichtkunst, vor allem der Malerei. In stetem Wettstreit mit seinem Bruder Jean, Duc de Berry, dessen unvergleichliches, von den Brüdern von Limburg gemaltes Stundenbuch »Très riches heures« einen der Höhepunkte der spätgotischen Buch-

malerei darstellt, förderte er nicht nur die in Brügge seit dem 13. Jahrhundert gepflegte Herstellung illuminierter Handschriften. Er zog auch einen Meister wie Jan van Eyck an seinen Hof, einen Maler, dessen Werk für die damalige Zeit von unerhörter Modernität war, und der als Hof- und Stadtmaler die Jahre zwischen 1430 und seinem Tod 1441 nahezu ausschließlich in Brügge verbrachte. 20. Jahre später kam Hans Memling nach Brügge. Auch er blieb und schenkte der Stadt, zurückkehrend zu den Idealen der Gotik, Werke voller Schönheit, ausgewogene Kompositionen von erlesener Farbigkeit. Dem Vorbild der Fürsten nacheifernd begannen auch die Honoratioren der Stadt und die fremden Kaufleute Häuser von großartigem Zuschnitt zu bauen, Porträts und Miniaturen in Auftrag zu geben, hier und dort ein Altarwerk zu stiften.

Geht man heute durch die Kirchen und Museen Brügges, so findet man auf so manchem Gemälde die Stadt, malerisch von Mauern und Toren umschlossen, mit Kirchtürmen, Patrizier- und Bürgerhäusern, mit einem Belfried, der hoch in den Himmel ragt: erdacht und doch Prototyp der Stadt dieser Zeit. Brügge ist noch immer so. Als der Zwijn in den 50er Jahren des 15. Jahrhunderts zu versanden begann, als trotz aller Anstrengungen kaum mehr ein Schiff Damme erreichte, sich schließlich auch noch Flandern gegen Maximilian I. erhob, begann es ruhig und immer ruhiger zu werden in der Stadt. Die Bankiers, die Kaufleute zogen nach Gent, nach Antwerpen. Mit der Verlegung des Augsburger Fuggerkontors 1505, den Faktoreien der Hansestädte 1545 war das Schicksal Brügges als Handelsstadt endgültig besiegelt. Aus Brügge »der Schönen« wird für einige Jahrhunderte Brügge »die Tote«, ist in den letzten Jahrzehnten Brügge »die Wiederauferstandene« geworden.

Denn Brügge ist längst wieder eine höchst lebendige Stadt. Seit 1907 besitzt es in Zeebrügge einen neuen Seehafen, in dem selbst Tankschiffe von 45000 Tonnen anlegen können. Handel und Wandel blühen. Und die Touristen strömen herbei, kamerabewaffnet, in hellen Scharen. Die Sprachen der halben Welt sind zu hören, steht man auf dem Marktplatz, geht man durch die Straßen und Gassen, durch Kirchen und Museen, kommt man gar zur

34 Brügge, Bonifaciusbrug
Brügge, die Stadt, die im 13./14. Jahrhundert als ein Zentrum des damaligen Welthandels galt, die unter den Herzögen von Burgund zu »Brügge, der Schönen« wurde, ist voll solcher romantischer Winkel wie an der Bonifaciusbrug zwischen dem Chor der Liebfrauenkirche und dem kleinen Arents-Park.

35 Brügge, an der Groene Rei
Die Groene Rei ist heute einer jener für Brügge so typischen stillen »Malerwinkel«, über denen der ganze Zauber dieser Stadt liegt. Kaum kann man sich vorstellen, wie lebhaft es hier bis ins 15. Jahrhundert zuging, als die Schiffe überall ein- und ausgeladen wurden, als man am Dyver Markt abhielt, als die Handelsherren auf dem Flüßchen Rei ihre Waren von und nach Damme, dem Seehafen, brachten.

36 *Brügge, im Beginenhof*
Der Brügger Beginenhof »ten Wijngarde«, zum
Weingarten, wurde schon im 13. Jahrhundert
gegründet. Lange Zeit wurde er auch prinz-
licher Beginenhof genannt, weil Philipp der
Schöne 1499 dem Brügger Magistrat die
Rechtsprechung entzog und sich die Schlich-
tung aller Streitigkeiten in diesem Bereich selbst
vorbehielt. Noch heute ist der Beginenhof mit
seinen kleinen Häusern, dem alten Kranken-
haus, der Kirche ein Ort der Stille und der
Besinnung. Noch heute ist das Haus Nr. 1 gleich
neben dem Eingang mit Küche und Schlaf-
zimmer, mit den alten Möbeln, den Bildern,
dem Hausrat eingerichtet wie in den Jahren um
1700. Noch heute gehen hier Nonnen zur
Kirche in der Tracht des 15. Jahrhunderts.

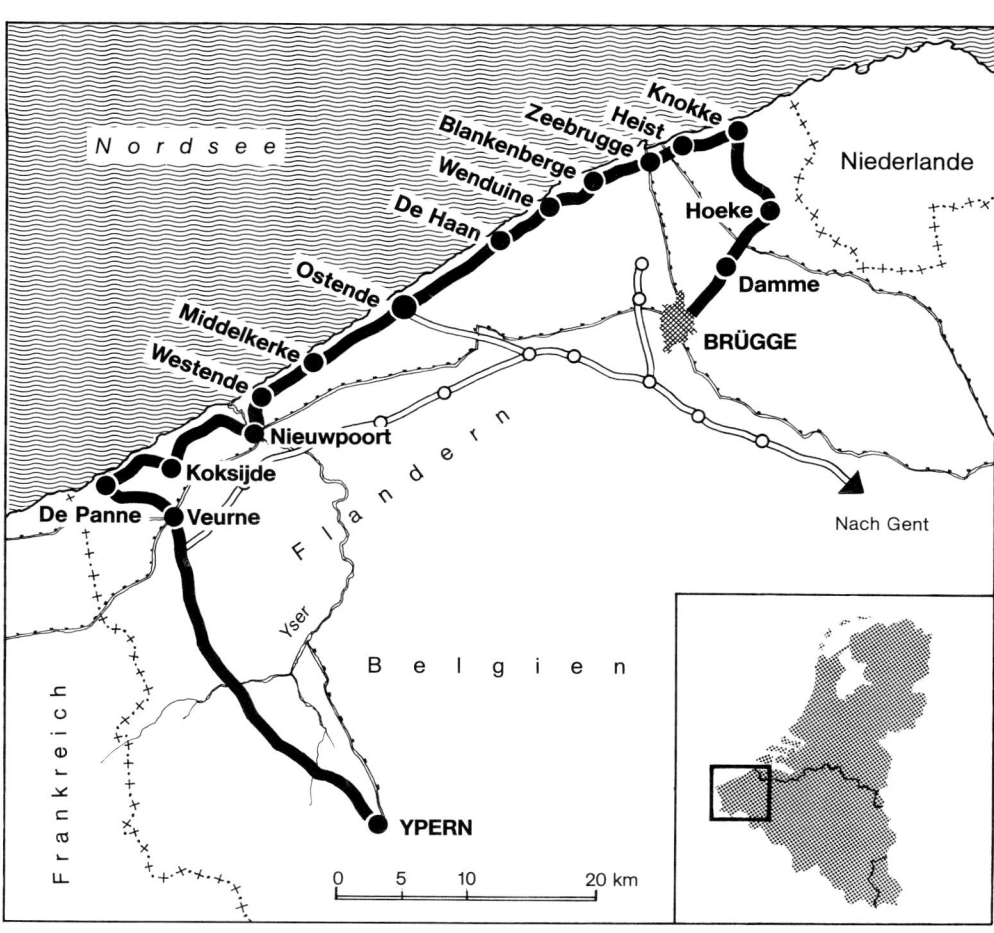

Prozession des Hl. Blutes, die alljährlich am Tag Christi Himmelfahrt abgehalten wird, jener prunkvoll-traditionellen Prozession zu Ehren der Reliquie, die Thierry d'Alsace, Graf von Flandern, vom ersten Kreuzzug mitbrachte. Sucht man die Erinnerung, dieses Gefühl des Herbstes, der Vergänglichkeit, das trotz allem zum Zauber dieser Stadt gehört, so sollte man nicht gerade an einem Hochsommer-Sonntag nach Brügge kommen, wenn im Trubel des Sightseeings, der heiseren Megaphone auf den Grachten-Rund-fahrtbooten sich die Stille zu verlieren droht, die zum Erinnern gehört. Doch selbst dann ist Brügge noch schön, malerisch und voller Poesie. Licht dringt in die engen Gassen, tanzt auf dem Wasser. Brücken und Brückchen, aus Backstein gemauert wie alles hier, überspannen in sanftem Bogen die Grachten, am Dijver, dem Rozenhoedkai, an der Groene Rei, draußen am Minnewater. Die Häuser reihen sich, untergeordnet dem Ganzen und doch eigenständig, jedes für sich mit unverwechselbarem Hausgesicht. Plätze öffnen sich. Der Turm des Belfrieds fährt gen Himmel. Gotik, Renaissance sind überall: kühl und streng wie bei der Lieb-frauenkirche, zierlich und aufgelöst wie

bei der nicht zu überbietenden Fassade der Hl. Blut-Kapelle. In der Liebfrauen-kirche thront die Madonna Michelangelos, ruht Maria von Burgund, von den Brüg-gern geliebt wie keine andere ihrer Für-stinnen, 25jährig bei der Falkenjagd vom Pferd gestürzt. Im St.-Jans-Hospital, im ehemaligen Palais der Herren von Gruut-huse, im Groeninge-Museum warten die Werke Memlings, Jan van Eycks, Hugo van der Goes', Rogier van der Weydens. In den Läden gibt es Klöppelspitzen, ein-fache Souvenirware, aber auch kleine Kunstwerke aus Rosenspitze und fein-stem »toveressesteek«. Unter den hohen Pappeln des Beginenhofes gehen die Nonnen zur Kirche in der Tracht des 15. Jahrhunderts. Steigt man die 366 Stufen hinauf zur Höhe des Belfrieds, so liegt die Stadt da wie seit Jahrhunderten.
Enea Silvio de'Piccolomini, der spätere Papst Pius II., Humanist, Reisender und Schriftsteller, sah zu seiner Zeit in Brügge eine der drei schönsten Städte der Welt. Darüber ließ sich wohl schon damals strei-ten. Aber ohne Bedenken kann man sich noch heute der Meinung eines Chronisten des 16. Jahrhunderts anschließen, der sagte, Brügge sei »geschaffen, um die Seele zu laben und die Augen zu öffnen«.

Durch Ostflandern und Brabant nach Brüssel

Man könnte auf der Straße Nr. 10 über Maldegem und Eeklo nach Gent fahren, durch eine stille, flache, von Busch- und Baumreihen belebte Landschaft mit weit gestreuten Dörfern und Einzelgehöften. Vielleicht rechnet man aber lieber etwas mehr Zeit für Brügge und Gent und benutzt für 33 km die Autobahn Ostende – Brüssel. Dann sollte man allerdings die schnelle Straße bereits in Gent-West verlassen und den kleinen Abstecher über Bachte-Maria-Leerne nach Schloß Ooidonk machen. Es ist ein Abstecher ins Tal der Leie, deren »goldenes Wasser« einst so viel zum Ruhm flandrischen Leinens beitrug und den Reichtum Kortrijks begründete. Galt doch das kalkfreie Wasser des Flusses als so geeignet zum Rösten des Flachses, daß nicht nur flandrischer Flachs in den kortrijkschen Flachsrösten am Ufer des Flusses bearbeitet wurde, sondern man selbst aus Friesland und der Bretagne das Rohmaterial in die Stadt an der Leie brachte. Noch heute steht die Textilindustrie hier auf hohem Niveau. Kurz vor ihrer Mündung in die Schelde bei Gent aber fließt die Leie in zahlreichen Mäandern durch eine von aller Industrie verschonte, idyllische Landschaft, die mit ihrem sanften Licht die flämischen Expressionisten, die um die Jahrhundertwende ihr Domizil in St. Martens-Latem aufschlugen, zu immer neuen Werken inspirierte.

Durch eine prachtvolle Kastanienallee fährt man zum Torhäuschen von Schloß *Ooidonk*, das bis ins 15. Jahrhundert den Gentern als weit nach Süden vorgeschobene Festung diente. Sie wurde im 16. Jahrhundert nach einem verheerenden Brand zum komfortablen Schloß umgebaut, 1870 restauriert, und ist heute mit Park, Schloßteich und der lebhaft bewegten, türmereichen Architektur aus warmfarbigem roten Ziegelwerk eines der malerischsten Schlösser Flanderns.

Die Straße Nr. 14 bringt uns nach *Gent*, der dritten unter den großen mittelalterlichen Tuchmacher- und Tuchhandelsstädten Flanderns, die doch so ganz anders ist als Ypern, als Brügge. Wer sich der Stadt nähert, merkt es sofort. Zwischen Schuppen und Lagerhäusern hindurch, vorbei an Textil-, Werkzeug- und Maschinenfabriken, an Werken der Chemischen-, der Emballagen- und der Lebensmittelindustrie, an Bau- und Verladekränen, umgeben von Büro- und Wohn-

hochhäusern fährt man in die Stadt. Nach dem Ausbau des Terneuzen-Seekanals – eines Kanals übrigens, der schon 1547 angelegt wurde – und der Ansiedlung von Schwerindustrie und Erdölraffinerien entlang der vergrößerten Wasserstraße, ist Gent nicht nur Belgiens zweitwichtigster Hafen geworden, sondern auch eine Industrie- und Handelsstadt von größter Bedeutung.

Es scheint schwierig in dieser wuchernden Großstadt, das alte Gent wiederzufinden, »die große und wunderbare Stadt«, die Albrecht Dürer auf seiner Niederländischen Reise 1521 so sehr beeindruckte, und die damals, zur Zeit Karl V., mit 35 000 Häusern und 175 000 Einwohnern als eine der größten und volkreichsten Städte Europas galt. Sicher, auch Gent opferte dem sogenannten Fortschritt. Der Stadtkern um die unvergleichliche Trias von St. Baafs, Belfried und St. Niklaas aber bewahrt noch immer einen begeisternden Reichtum an alter Bausubstanz. Architektur- und Städtebilder von unverwechselbarer Eigenart und eindrucksvoller Geschlossenheit liegen hier dicht beieinander. Wenn allerdings Brügge eine Stadt ist, die zum Schlendern einlädt, so ist Gent eine Stadt, die einen zielbewußten Rundgang herausfordert. Er beginnt sinngemäß auf der St. Michielsbrug, wo sich nach Osten die Türme von St. Niklaas, Belfried und St. Baafs so unvergleichlich hintereinanderstaffeln, rechts die Michielskerk und die düstere Fassade des Dominikanerklosters liegen und linkerhand das Flußstück der Leie zwischen Koornlei und Graslei, das jahrhundertelang der Hafen Gents war. Stapel- und Zunfthäuser aus fünf Jahrhunderten reihen sich hier. Neben dem winzigen Zollhäuschen von 1682 steht in zierlichster Gotik das Haus der Freien Schiffer, das Haus der Maurerzunft, neben dem romanisch strengen Getreidespeicher die beiden Häuser der Getreidemesser, das einfache ältere, das prächtig reiche der Spätrenaissance. Sie bilden bei aller Unterschiedlichkeit der architektonischen Grundhaltung doch eine der harmonischsten, charaktervollsten Häuserzeilen des Landes. Über Leie und Lieve kommt man zur Wasserburg 's Gravensteen, der im 12. Jahrhundert neu errichteten Burg der flandrischen Grafen. Ein großartiger Bau von finsterer Selbstsicherheit, im Kern ein mächtiger, recht-

37 Schloß Ooidonk bei Gent
Schloß Ooidonk liegt südlich von Gent im Tal der Leie, in einer idyllischen Flußlandschaft, in der sich nicht nur Wildenten und Fasanen besonders wohl fühlen, sondern auch Angler. Das Schloß, das nach dem verheerenden Brand des Jahres 1579 neu erbaut wurde, ist eine besonders malerische, türmereiche Anlage: warmfarbiges Ziegelwerk und grauweißer Stein unter dem Schiefergrau der Dächer.

38 Gent, am Graslei
Hier, wo jahrhundertelang der Hafen Gents lag, wo das Leben der Handelsstadt am augenfälligsten pulste, liegt eine der charaktervollsten Häuserzeilen Belgiens: hineingezwängt zwischen den romanisch-düsteren Getreidespeicher (um 1200) und das prachtvolle Haus der Getreidemesser (1698) ist das winzige Zollhäuschen von 1682; daneben eines der schönsten gotischen Häuser der Stadt, das Haus der Freien Schiffer von 1531 und die neugotische Post.

eckiger Donjon des französisch-norman-
nischen Typs, errichtet im gleichen selbstbewußt kühnen Geist, der auch die
Kreuzfahrerburgen der Zeit kennzeichnet. Den freiheitsbesessenen Gentern war
die Burg das ganze Mittelalter hindurch
zutiefst verhaßt, ungern hatten sie ihre
Fürsten anders denn als Gäste in der Stadt.
Auch wurden im »Steen« nicht nur Feste
gefeiert, unergründlich waren die Kerker,
und wenn man ein Geständnis erreichen
wollte, war man in der Wahl der Mittel
nicht kleinlich. Selbst auf dem heute so
idyllischen St. Veerleplein vor den Toren
der Burg erhoben sich in der Inquisitions-
zeit Rad und Galgen. Gerädert, enthaup-
tet, verbrannt wurde auch auf dem
Vrijdagmarkt, dem wichtigsten Platz der
Stadt. Hier huldigte man nicht nur den
Grafen und Königen, fanden nicht nur
prachtvolle Turniere statt und stellte man
im 15. Jahrhundert voll Stolz die »Dulle
Griet« auf, die große erbeutete Kanone
mit dem Wappen der Burgunder. Hier
trafen sich die Genter Bürger auch vor
dem Auszug zu neuen Kriegen, metzelten
sie sich bei passender Gelegenheit ge-
genseitig nieder. Durch Kammenstraat
und Borlutstraat, immer wieder, wie
auf dem ganzen Weg, an beachtenswer-
ten Hausfassaden vorbei, kommt man zur
Kathedrale St. Baafs, einem schmucklos
strengen Granitbau, den drei Jahrhunderte formten. Kostbarster Besitz der
Kirche ist das »überköstlich hochver-
ständige Gemäl«, von dem Albrecht
Dürer in seinem Tagebuch spricht, der
von dem Genter Patrizier Josse Vydt
gestiftete, 1432 vollendete Altar der Brü-
der van Eyck, ein Hauptwerk der niederländischen Malerei. Dann, um St. Baafs-
plein und Botermarkt, das aus zwei Bau-
perioden stammende Stadhuis – der
ältere, von Keldermans und Waghe-
makere errichtete Teil hochgotisch, der
jüngere aus der Renaissance – und die nie
vollendete Tuchhalle mit dem Belfried,
lange Zeit Sinnbild der wehrhaften Bür-
gerfreiheit der Genter mit dem vergol-
deten Drachen als Wetterfahne und Zeichen der Unbesiegbarkeit auf dem Dach.
Vorbei an St. Niklaas, der ältesten Genter
Kirche, kommt man wieder zur St.
Michielsbrug. Vieles bleibt noch zu sehen
in der vitalen, stolzen Stadt, Häuser da
und dort, die drei Beginenhöfe, die Burg
Gerard des Teufels, die Bijloke mit ihrem
prachtvollen Remter, die Museen. Und

natürlich sollte man auch den Genter
»Hutsepot« (saftiger Eintopf aus ver-
schiedenem kleingeschnittenen Fleisch,
Kartoffeln und Gemüse) oder den »Genter Waterzooi« probieren, ein flandri-
sches Gericht aus Huhn und Gemüse, das
hier so ganz anders schmeckt als im
übrigen Land. Zuletzt aber sollte man
noch einmal auf der St. Michielsbrug
stehen, im Anblick eines der großartigsten Städtebilder Belgiens und sich erinnern wie alles begann, wie Gent zur
heutigen Stadt wurde.
Im 7. Jahrhundert gründete der hl. Aman-
dus im Mündungsgebiet von Lieve, Leie
und Schelde – der Name Gent ist kel-
tischen Ursprungs und bedeutet Mündung – zwei Abteien, Sint Pieters und
Sint Baafs. Die geographische Situation
war aber auch für Balduin II., den ersten
tatsächlichen Grafen von Flandern, her-
ausfordernd genug, um hier eine Burg zu
errichten. Handwerker, vor allem Kaufleute ließen sich nieder. Um das Jahr 1000
wurden bereits Märkte abgehalten. Die
zunächst weithin verstreute Tuchmacherei konzentrierte sich mehr und mehr
auf die Stadt, entwickelte sich auch in
Gent zu einem nahezu frühkapitalisti-
schen System, das für viele flämische
Städte zur Wurzel von Unbehagen und
Aufruhr der Bürger wurde, der sich be-
nachteiligt fühlenden Spinner, Weber,
Walker und Färber, und das bei den
widerspenstigen, stärker als anderswo
vom Geist der Unabhängigkeit beseelten
Gentern sich weit folgenschwerer aus-
wirkte als im übrigen Land. Nirgendwo
trug man soziale Streitigkeiten, Kämpfe
um Macht und Selbständigkeit so hart und
unnachgiebig, so blutig aus wie hier.
Gents Geschichte ist nicht nur eine Geschichte sich mehrenden Wohlstands und
zunehmender Macht – bereits im 13. Jahrhundert konnte sich Gent als Stadt der
Tuchmacher mit der Handelsstadt Brügge
messen – sondern auch eine Kette von
Aufständen der Handwerker gegen die
Patrizier, der Bürger gegen den Adel und
schließlich der Stadt gegen Könige und
Kaiser. Drei Jahrhunderte, vom 13. bis
zum 15., scheinen es sich die Genter zur
Ehre angerechnet zu haben, jedem ihrer
Herrscher die Stirn zu bieten. Leicht war
es, die Genter mit dem Sturmgeläut der
Glocke Roeland auf dem Belfried zu den
Waffen zu rufen. Sie beteiligten sich nicht
nur wie die Bürger Brügges zu Beginn des

14. Jahrhunderts am Aufstand gegen Philipp den Schönen, König von Frankreich. Mit Begeisterung unterstützten sie noch im gleichen Jahrhundert die Unabhängigkeitsbestrebungen der beiden Volksführer Artevelde, Vater und Sohn. Philipp dem Guten, den Gent nach seiner Hochzeit mit Isabella von Portugal noch »mit solchen Ehren und Zeremonien und mit solcher feierlicher Pracht empfangen« hatte »wie sonst keinen Sterblichen« und den man mit einem wahrhaft fürstlichen Hochzeitsgeschenk von 150 000 Goldkronen bedacht hatte, erklärte die Stadt Jahre später, als er neue, als ungerechtfertigt angesehene Steuern erheben wollte, kurzerhand den Krieg und drohte ihm, seinen Sohn zu vierteilen. Die Genter stritten mit Karl dem Kühnen, mit Maria von Burgund und Maximilian I. Es bedurfte schon der Härte eines »Genters«, um die Genter »Dickköpfe«, wie sie Karl der Kühne einmal nannte, »zur Raison zu bringen«. Es war die Zeit, da Gent unter Kaiser Karl V. seine höchste Blüte erlebte. Auch diesmal ging es um Steuern. Als sich die Stadt ernstlich widersetzte, Maria von Ungarn, die Statthalterin des Kaisers vertrieb und sich zur Republik ausrief, war Karl V., der knapp 40 Jahre vorher im Genter Prinsenhof geboren worden war, jener Karl, in dessen Reich die Sonne nicht unterging, wenige Monate später mit seiner Armee in der Stadt. Die »des Ungehorsams, der Untreue, des Vertragsbruchs, des Aufstands, der Meuterei und Majestätsbeleidigung schuldig befundenen« Genter wurden völlig entwaffnet, ganze Straßenzüge niedergebrannt. Karl verbot das Läuten der Roeland-Glocke, ließ zwei Dutzend Patrizier enthaupten und nahm der Stadt alle ihre Privilegien. Es war eine der folgenreichsten Niederlagen der Stadt, auch wenn sie den Freiheitswillen der Genter nicht völlig brechen konnte. Noch 1576 unterschrieb man im niederländischen Freiheitskampf gegen die Spanier im Stadhuis die sogenannte Genter Pazifikation. Der Siegeszug Alessandro Farneses, des spanischen Statthalters der Niederlande, besiegelte wenige Jahre später nicht nur die Trennung der südlichen und der nördlichen Niederlande, sondern auch einen allgemeinen wirtschaftlichen Niedergang der südlichen Provinzen, der in Gent noch verstärkt wurde durch die Auswanderung zahlreicher Tuchmacher, die ihre Stadt

aus politischen oder religiösen Gründen verließen. Gents große Zeit war endgültig vorbei. 1740 besaß die Stadt noch 38 000 Einwohner. Die Genter aber blieben sich treu: Gent, das zu Beginn des 19. Jahrhunderts durch den Einsatz von Baumwollspinn- und -webereimaschinen die moderne Industrialisierung einleitete, gilt heute als Zentrum der militanten Gewerkschaftsbewegung Belgiens, als die Stadt der eifrigsten Verfechter flämischen Volkstums. Doch auch in Gent gibt es neben unbändigem Freiheitswillen stille Zufriedenheit, neben hartem, kühlem Kaufmannsgeist die Freude an Kunst und Schönheit. Draußen vor der Stadt, neben Fabriken und Silos, blühen auf den Feldern und in den Gewächshäusern die Azaleen, Begonien und Rosen, die Gents Ruf auch als Stadt der Blumenzüchter und als Zentrum des belgischen Gartenbaus begründeten.

Auch um *Laarne*, an dessen malerischem Wasserschloß wir vorbeifahren, um bei Wetteren ins Tal der Schelde zu kommen, blühen im August, September überall Blumen: Begonien in riesigen, farbkräftigen Feldern. Schloß Laarne mit seinen drei Rundtürmen und dem kräftigen Vierecksturm stammt aus dem Mittelalter, wurde im 18. Jahrhundert vergrößert und bewahrt nicht nur Möbel und Tapisserien des 16./17. Jahrhunderts, sondern auch eine vielgerühmte Sammlung von Werken der Silberschmiedekunst. Das Land bleibt eben, Industrie bemächtigt sich wieder des Tals. Von der Schelde, die eingedeicht höher fließt als das Umland, ist auf der Fahrt nach *Dendermonde* wenig zu sehen. Die strategisch wichtige Lage des Städtchens an der Mündung der Dender in die Schelde wurde dem alten Tuchmacherstädtchen mehrfach zum Verhängnis, nicht nur 1667, als die Bewohner, um der Eroberung durch Turenne zu entgehen, selbst die Schleusen öffneten und alles unter Wasser setzten. So ist das meiste in der Stadt wiederaufgebaut, auch die Tuchhalle mit dem ragenden Belfried und die Liebfrauenkirche, die zwei Werke Van Dycks birgt. Einmal im Jahr, am Donnerstag nach dem letzten Sonntag im August, ziehen auch durch die Straßen Dendermondes die Riesen, die alle zehn, fünfzehn Jahre vom Riesenpferd Bayard und den vier Haimonskindern begleitet werden.

40 *Gent, 's Gravensteen*
Schon im 9. Jahrhundert stand im Mündungsdreieck von Lieve und Leie eine Burg der Grafen von Flandern. Graf Philipp d'Alsace, der 1180 vom Kreuzzug zurückkehrte, gab der Wasserburg ihr heutiges Aussehen: im Schutz der von zahlreichen auskragenden Türmen besetzten mächtigen Mauer erhebt sich schwer und wuchtig der rechteckige Wohnturm, der um 1200 entstandene zierlichere Palas. Kein Wunder, daß den Gentern, die ihre Fürsten ohnehin lieber als Gäste in der Stadt sahen, diese Burg der flandrischen Grafen in ihrer abweisenden Großartigkeit immer als Zwingburg erschien, daß sie ihnen das ganze Mittelalter hindurch zutiefst verhaßt war.

41 *Abend im sogenannten Payottenland*
Auch südwestlich von Brüssel, im brabantischen Payottenland, einer unverdorbenen, durch die Bilder Pieter Bruegels des Älteren bekannt gewordenen Landschaft voller sanfter Hügel und idyllischer Täler, voller kleiner Dörfer, Herrensitze und Abteien, dienen vor allem die wiesenreichen Talauen einer erfolgreichen Viehzucht.

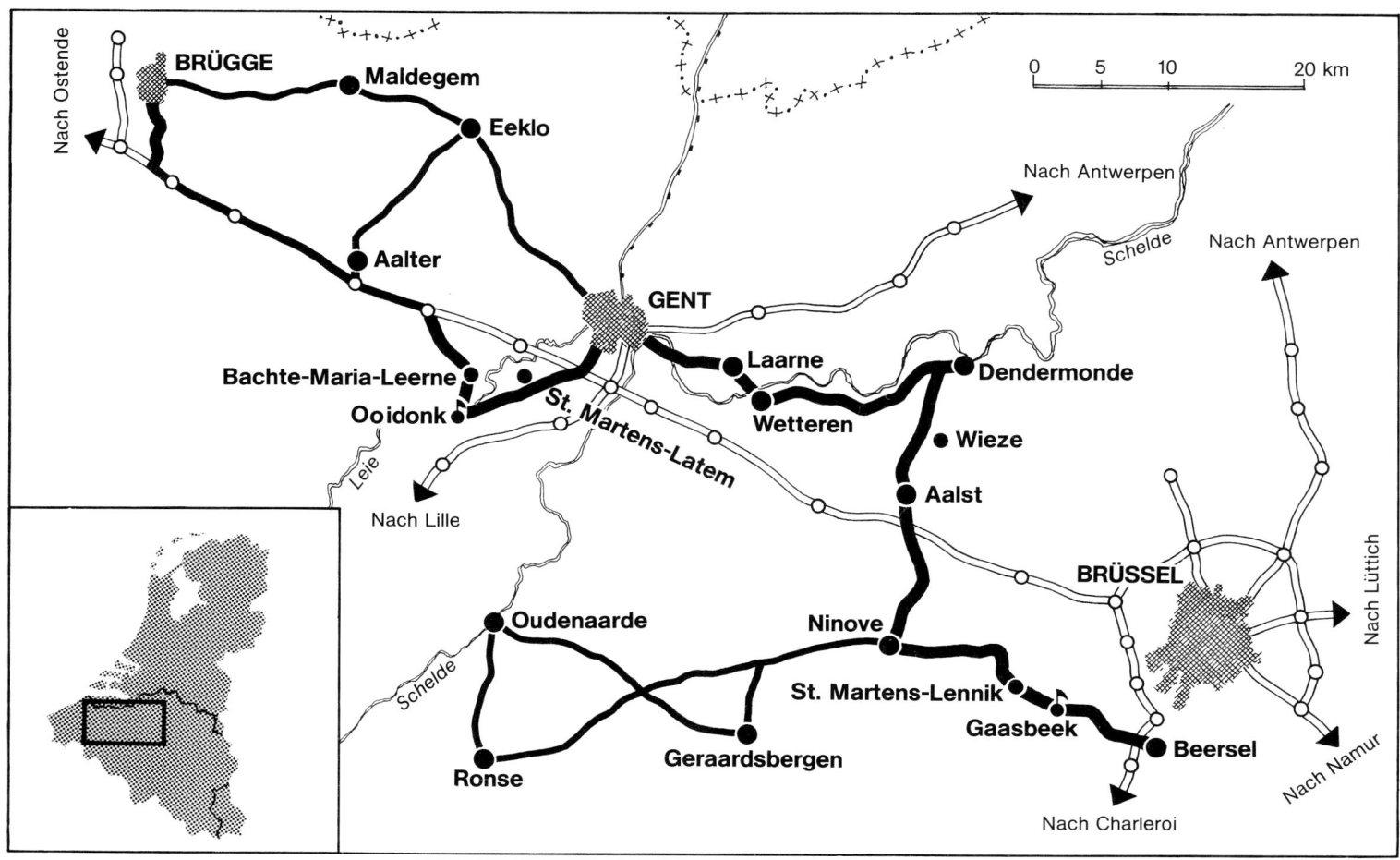

42 *Schloß Gaasbeek,*
     Wandteppich aus Tournai

In Tournai und Brüssel erlebte die Herstellung
von Bildteppichen seit dem 14. Jahrhundert
eine – in Brüssel bis in das 18. Jahrhundert an-
dauernde – Hochblüte von europäischer Bedeutung. Schloß Gaasbeek südlich von Brüssel,
das im 16. Jahrhundert einige Zeit Besitz des
Grafen Lamoral von Egmont war und im
19. Jahrhundert in romantischem Geist verändert und ausgestattet wurde, besitzt eine
schöne, vier Tournaier, sechs Brüsseler Arbeiten
umfassende Sammlung von Bildteppichen des
späten 15. und des 16. Jahrhunderts, darunter
die großartige »Rückkehr von der Jagd«
(Tournai 15. Jahrhundert), aus der unser Bild
einen Ausschnitt wiedergibt.

Fährt man das Tal der Dender aufwärts,
so beginnen Hopfenfelder mit ihrem ragenden Wald von Stangen die Straße zu
begleiten. Drüben am anderen Ufer liegt
Wieze, ein kleiner Ort, aber weithin
bekannt durch seine Brauereien und Bier-
feste. Auch *Aalst* ist heute vor allem eine
Stadt der Bierbrauer und Hopfenhändler.
Im Mittelalter aber war es – 1056 zusammen mit der gleichnamigen Landschaft als Reichslehen an die Grafen von
Flandern gelangt – die bedeutendste
Stadt des rechts der Schelde gelegenen
»Reichs-Flandern«, aufblühend durch
die Lage an der wichtigen Handelsstraße
Köln-Brügge. Bei *Ninove,* einst Sitz einer
im 13. Jahrhundert gegründeten Abtei
der Prämonstratenser, verlassen wir die
Dender. Weiter flußaufwärts beginnen
sanfthügelig die Flämischen Ardennen,
liegen die Städte Geraardsbergen, Ronse
und Oudenaarde, jede mit einer eigenen
Geschichte, mit eigenem Brauchtum, mit
stattlichen Rathäusern und sehenswerten
Kirchen, jede einen Besuch wert. Wir
aber fahren auf kleinen Nebenstraßen
hinein nach Brabant, »den Göttern lieb
wie kein anderes Land dieser Erde«, wie
der Dichter Maurice Carême einmal

sagte. Ein fruchtbares Land, ein ge-
schichtsträchtiges Land, im 15./16. Jahrhundert Mittelpunkt der niederländischen
Kultur.
In St. Martens-Lennik sind wir mitten im
sogenannten Payottenland, dem Land
Pieter Bruegels des Älteren und der einst
mit Stroh gedeckten Bauernhöfe und
Lehmhütten, aber auch der Abteien und
Herrensitze. Schloß *Gaasbeek* liegt hier,
das wohl berühmteste unter den Schlössern der Umgebung Brüssels, im 16. Jahrhundert Eigentum des Grafen Lamoral
von Egmont; Staatsbesitz, seit 1921 Mar-
chesa Arconati-Visconti 81jährig ihr Ver-
mächtnis schrieb. Aus der gotischen
Festung des 13. Jahrhunderts, dem Pracht-
bau der Renaissance, war damals längst
ein vom romantischen Geist des 19. Jahrhunderts geprägtes Schloß geworden,
ausgestattet mit Kunstschätzen aus halb
Europa, darunter einer großartigen Folge
von zehn Bildteppichen des 15./16. Jahrhunderts aus Tournai und Brüssel.
Über *Beersel,* dessen Wasserburg aus dem
frühen 14. Jahrhundert mit ihrem braun-
roten Ziegelmauerwerk aussieht, als
bestünde sie nur aus drei machtvollen
Türmen, fahren wir hinein nach Brüssel.

Brüssel

Brüssel, die heimliche Hauptstadt Europas, wie es sich gern nennt, ist keine Stadt, die man spontan liebt. Vor allem, wenn man wie wir von Südwesten kommt, von der Autobahn Mons – Charleroi, die man für die letzten Kilometer ab Beersel zweckmäßigerweise benutzt, ist der erste Eindruck eher negativ, wirr und voller Gegensätze. Erst später entdeckt man die begeisternden, liebenswerten Züge Brüssels. Erst später stellt man aber auch fest, daß Gegensätze, auch geistige Spannungen diese Stadt prägen wie kaum eine andere, daß sie typisch sind für Brüssel, den stolzen Sitz von EWG, EURATOM und NATO.

Brüssel ist jung im Vergleich zu anderen Städten des Landes. Als Tongeren, Tournai, Arlon längst blühende Stadtwesen waren, gab es hier im Tal der Senne noch immer nichts als sumpfige Unwegsamkeit. Auch die Kapelle, die Saint-Géry, Bischof von Cambrai, in geistlicher Sorge um die wenigen verstreut lebenden Bewohner, Fischer wohl, Jäger und Bauern, im 6. Jahrhundert auf einer Insel im Fluß errichtete, scheint ohne größere Folgen geblieben zu sein. Erst für das Jahr 966, in dem »Bruocsella«, die »Siedlung im Sumpf«, in einer kaiserlichen Urkunde erwähnt wird, kann man sicher sein, daß der Ort eine gewisse Größe erreicht hatte, wohl auch Märkte stattfanden. Zehn Jahre später errichtet Karl, der Bruder König Lothars von Frankreich, auf der Insel ein »castrum«. Im 11. Jahrhundert entsteht auf dem Koudenberg eine zweite Burg. Zunehmend siedeln sich Kaufleute an, Handwerker, denen die verkehrsmäßig ausgezeichnete Lage zwischen dem aufstrebenden Flandern und dem Reich zugute kommt. Brüssel beginnt ernstlich seine Rolle zu spielen, überflügelt im 14. Jahrhundert das bis dahin führende Löwen und wird Hauptstadt Brabants. Unter den Herzögen von Burgund bricht auch für Brüssel die glanzvollste Periode seiner Geschichte an. Die Kunst blüht auf. Rogier van der Weyden, der in seinen Werken eine ungebrochene, transparente Leuchtkraft der Farben mit hoher Ausdruckskraft und Harmonie verbindet, wird Brüssels Stadtmaler. Brüssel entwickelt sich zu einem Zentrum der Bildweberei, das auch nach dem Ende des burgundischen Zeitalters sein Niveau halten kann und für das später selbst Meister wie Rubens Vorlagen liefern. Überhaupt bleibt Brüssel der tiefe Sturz der übrigen flandrischen und brabantischen Städte erspart. Unter den Habsburgern neu befestigt und zur Hauptstadt der Niederlande gemacht, übersteht die Stadt das schwierige 16./17. Jahrhundert, erholt sie sich von der grausamen Vernichtung unter Ludwig XIV., war sie – flämisch und doch allem Französischen offen – wie geschaffen als Hauptstadt eines neuen, Nord und Süd verbindenden Belgiens. In überraschender Geschmeidigkeit wußte Brüssel - durch die Jahrhunderte gezwungen mit »Besatzungen« zu leben – schon immer sich anzupassen, sich zu verändern. Nicht umsonst ist »on va s'arranger« eine stehende Redensart der Brüsseler. Sie ist überall brauchbar, auch wenn es gilt, die persönliche Freiheit zu wahren, die den Brüsselern so lieb ist wie den Gentern und Lüttichern und die ein weiterer Grund sein dürfte für das uneinheitliche Bild der Stadt. Denn Brüssel umfaßt als selbständige Gemeinde eigentlich nur die innerhalb der ehemaligen Stadtumwallung des 14. Jahrhunderts gelegene Altstadt, das Kerngebiet innerhalb des fünfeckigen Zugs der großen Ringboulevards mit weniger als 170000 Einwohnern. Das ganze übrige großstädtische Siedlungsgebiet der »Agglomération Bruxelloise«, deren Einwohnerzahl inzwischen nahe bei 1,2 Millionen liegt – für den Fremden einfach Brüssel – besteht aus 18 völlig selbständigen und von einander verwaltungsmäßig unabhängigen Gemeinden, die nicht immer die gleiche Vorstellung von Erhaltenswertem und von erstrebenswertem »Fortschritt« haben. Trotzdem hat man sich schon 1830, als Brüssel gerade Hauptstadt des neu gegründeten Königreichs Belgien und Sitz König Leopolds I. geworden war, voller Einmütigkeit an die mit viel Sinn für Pathos und Repräsentation vorgenommene Umgestaltung der Stadt gemacht. Eine Aufgabe, der man sich auch in den letzten Jahrzehnten, nun allerdings unter anderem Vorzeichen, mit ungebrochenem Elan widmet. Sechs-, achtbahnige Schneisen schlug man dem Verkehr. Kühl und glatt schießen die Kolosse weltstädtischer Geschäftigkeit an den unerwartetsten Stellen aus dem Boden. Ganze Viertel sind überbaut mit Beton, Stahl und Glas. Längst mußte der Wald von Soignies, der noch im 19. Jahrhundert Sir Walter Scott

43 *Brüssel, Rathausturm über den Giebeln der Rue de la Montagne*
89 Meter hoch ist der Turm des Brüsseler Rathauses, den Jan van Ruysbroek im Auftrag Philipps des Guten von Burgund 1449 errichtete und der emporragend über die schöne Reihe der Giebel an der Rue de la Montagne an die Worte Victor Hugos denken läßt, der 1837 schrieb, dieser Turm sei »ein der Turmspitze von Chartres vergleichbares Kleinod, die blendende Eingebung eines Dichters, die dem Kopf eines Architekten widerfahren ist...«

44 *Brüssel, an der Place du Petit Sablon*
Es ist ein liebenswerter kleiner Park, den man hier, gegenüber der »Zavelkerk« in den Jahren 1880 bis 1890 neu gestaltete. Über einem kleinen Wasserbecken steht die Bronzegruppe der Grafen Egmont und Hoorn, im Halbkreis umgeben von den weißen Marmorstandbildern berühmter Zeitgenossen. Alte Bäume, gepflegte Rasenflächen, französische Blumenrabatten. Um alles ein Schmiedeeisengitter und die 48 säulenartigen Pfosten, auf denen die Bronzefiguren der Künstler- und Gewerbeinnungen des 16. Jahrhunderts stehen.

45 *Brüssel, Hausfassaden an der Grand' Place*
Das Rathaus, vor allem aber die Zunfthäuser – innerhalb weniger Jahre nach der Beschießung von 1695 entstanden – machen den Brüsseler Grand' Place nicht nur zu einer der bedeutendsten Platzanlagen Europas, sondern auch zu einer machtvollen Demonstration bürgerlichen Selbstbewußtseins. Es ist eine großartige Folge von Häusern, die goldschimmernd das Platzgeviert umgeben, eine ungeahnte Vielfalt architektonischer Einfälle, die sich doch alle zu schöner Einheit verbinden, ob nun das Haus der Schiffer »Le Cornet« sich mit Tritonen und Seepferden schmückt und als Giebel einen Schiffsaufbau wählt, ob die Bogenschützen auf ihrem Haus »Die Wölfin«, einen auffliegenden Adler anbringen oder ob die Tischler und Küfer ihr Haus »Le Sac« mit Karyatiden und Fruchtgirlanden ausstatten.

46 *Brüssel, Galerie Saint-Hubert*
Die Brüsseler Galerie Saint-Hubert wurde 1847 nach Pariser Vorbildern von J.-P. Cluysenaer errichtet, zu einer Zeit, als man begann, Einkaufen als Spaß zu empfinden. Heute hat Brüssel in der eleganten Gegend um die Place Stéphanie, die Avenue Louise, die Porte de Namur oder im turbulenten Viertel um die Place de Brouckère beliebtere Einkaufsgegenden. Trotzdem wird die Galerie Saint-Hubert, ein typisches Beispiel für das Bauen mit Glas und Eisen des 19. Jahrhunderts, auch heute noch von den Kaufenden, vor allem aber von den Flaneuren geschätzt.

fast beängstigte in seiner düsteren Unwegsamkeit, dieser letzte Rest der Wildnis, aus der Brüssel einst hervorging, unter Naturschutz gestellt werden. Längst fließt die Senne eingemauert und unsichtbar unter der Stadt.

Die Brüsseler scheinen sich in all dem nicht verändert zu haben. Ihr »on va s'arranger« mag ihnen dabei geholfen haben, ihre Gutmütigkeit, ihr überwältigender Sinn für Realität, aber auch ihr entwaffnender, treffsicherer Witz, der auch die Fähigkeit, über sich selbst zu lachen, nicht ausschließt. Ungebrochen ist das besondere Verhältnis des Brüsselers zu Essen und Trinken, das schon die Besucher früherer Jahrhunderte je nach Veranlagung begeistert oder kritisch registrierten. Es ist die Poesie des Essens und Trinkens, die, vielgestaltig und allgegenwärtig zu dieser Stadt gehört. Die einfache Freude an *vielem* Essen und Trinken; die Pommes frites, die man nicht nur wie überall schnell im Vorübergehen auf der Straße ißt, sondern zu denen hier Miesmuscheln serviert werden, zubereitet auf bis zu 30 verschiedene Arten; die Kochkunst der Hausfrauen, die so besonders wählerisch und anspruchsvoll beim Kauf der Zutaten sind und von denen es heißt, sie wären Naturtalente hinter dem Kochtopf. Die immer gut besuchten Cafés, die, wie in ganz Belgien, Bierkneipen sind und in denen manchmal in liebenswerter Weise die Zeit um die Jahrhundertwende stehen geblieben zu sein scheint. Und natürlich die zahllosen kleinen und großen, die intimen und die repräsentativen Brüsseler Lokale, von denen viele ihre besondere Spezialität haben, manchmal auch das unübersetzbare Nationalgericht »Choesels au madère«. Häufiger als anderswo ist der Brüsseler gewillt, Zeit auf das Essen zu verwenden, es gewissermaßen zu zelebrieren, für einen Geheimtip durch die halbe Stadt und wer weiß wohin zu fahren, nur um dort ein bestimmtes, mit besonderem Pfiff zubereitetes Gericht zu essen. Uneingeweihte mögen manchmal enttäuscht werden, auch im Labyrinth der kleinen Gassen um die Rue des Bouchers, die einmal als *die* Freßgasse galt und die heute zu sehr von Touristen bevölkert wird, um noch eine Gegend für wahre Gourmets zu sein. Aber es macht noch immer Spaß, von der Galerie Saint-Hubert, der von einem mächtig fluchten-

den Glasdach überspannten Einkaufsstraße des 19. Jahrhunderts aus, durch diese schmalen Gäßchen mit ihren anregenden Düften zu gehen, vorbei an den verschwenderischen Auslagen, die vor allem im Herbst voll sind mit den Formen und Farben aller Schätze des Meeres.

Auf jeden Fall mag man sich stärken, ehe man die wenigen Schritte zur Grand'Place geht: goldglänzendes Denkmal der Geschichte Brüssels und seines demokratischen Stadtgeistes, eine der eindrucksvollsten Platzanlagen Europas. Schon im 11. Jahrhundert war dies das Zentrum der sich entwickelnden Stadt. Der Platz sah den Aufstand und den Sieg der Zünfte, den Reichtum und die Prachtentfaltung der burgundischen Herzöge mit ihren Turnieren, Feierlichkeiten und Umzügen, sah die Feste der Habsburger und der Stadt, die in der Farbenpracht des alljährlichen »Ommegang« (1. Donnerstag im Juli) wieder lebendig werden. Aber er sah im Freiheitskampf gegen die Spanier auch die Hinrichtung der Grafen Egmont und Hoorn am 5. Juni des Jahres 1568. Schon im Mittelalter wurden die Häuser der Gilden an diesem Platz gerühmt, galt das Rathaus, das im 14./15. Jahrhundert entstand, mit seinem 89 Meter hohen Turm als eines der schönsten flämischen Rathäuser und als das schönste Haus der Stadt. 1695 wird der ganze Platz bis auf das Rathaus ein Opfer des Hagels »rotglühender Kanonenkugeln«, die auf Befehl Marschall von Villeroys 36 Stunden lang in die Stadt prasseln und sie in Schutt und Asche verwandeln. Selbst Napoleon fand dies später »ein ebenso barbarisches wie unnützes Werk«. Den Brüsseler Zünften aber scheint es nur ein Ansporn zu Neuem, Größerem gewesen zu sein. Innerhalb weniger Jahre entstehen um das Geviert des Platzes die stolz gereihten Häuser, die wir vor uns haben und die noch heute fast alle zwei Namen tragen, den Namen der Zunft und den Namen des Hauszeichens. Es ist eine triumphale Demonstration bürgerlichen Selbstbewußtseins, eine »gute Stube« der Stadt, ausgestattet mit der ganzen Überschwenglichkeit und Phantasie des Barock. Hingerissen schrieb Victor Hugo, der 1852 im Haus der Maler schräg gegenüber vom Rathaus wohnte: »... es gibt keine einzige Fassade, die nicht ein Ereignis, ein Prunkgewand, eine Strophe, ein Meisterwerk wäre«.

97

Vielleicht sollte man am Abend noch einmal auf den Platz kommen, wenn der Turm des Rathauses filigranzart in die blaue Nacht sticht und das Gold der Fassaden unter dem Flutlicht der Scheinwerfer schimmert. Dann könnte man auch ganz in der Nähe eine der Vorstellungen des Marionettentheaters Toon besuchen. Es ist noch immer einen Besuch wert, auch wenn manches von der zupackenden Ursprünglichkeit und nahezu alles vom Reiz und der Atmosphäre der Aufführungen verlorenging, die sie einst – gewissermaßen eine Institution im Marollenviertel um die Rue Haute und die Rue Blaes – auszeichneten und die Hendrik Consciences im 19. Jahrhundert so meisterhaft beschrieb.

Zunächst aber müssen wir – niemand würde sonst glauben, daß wir in Brüssel waren – dem Manneken Pis in der Rue d'Etuve einen Besuch abstatten. Der fröhlich-unbekümmerte kleine Kerl – heiß geliebt, mehrfach gestohlen, von König Ludwig XIV. mit einem Orden ausgezeichnet und von Napoleon zum Kammerherrn ernannt, tausendfach vervielfältigt durch Souvenirgeschmacklosigkeiten aller Art – dürfte der bestausgestattete »Bürger« Brüssels sein. Über hundert verschiedene, sorgfältig nach Maß gearbeitete Kostüme und Uniformen gehören zu seiner im Maison du Roi am Grand'Place ausgestellten Garderobe.

Dann aber gehen wir von »bas de la ville«, wie es hier heißt, hinauf zur Oberstadt. Will man das so deprimierend ausgeweidete Viertel um Notre-Dame de la Chapelle vermeiden – übrigens die Kirche, in der Pieter Bruegel d. Ä. beigesetzt ist und das Viertel, in dem, wie die Dichter meinten, das warme Herz der Stadt schlug –, so kehrt man am besten zurück zur Grand'Place und geht bis zum Ende des Marché aux Herbes, wo sich linkerhand noch giebelschön die Häuser der Rue de la Montagne reihen. Vor uns liegt rechts die moderne Steinwüste um die Gare Centrale. Links wächst, schon am Hang, die zweitürmige, 1450 bis 1490 von J. van Ruysbroek erbaute Westfassade der Kathedrale St. Michael empor als wären wir mitten in Frankreich. Sie ist auch der hl. Gudula geweiht, deren Gebeine 1047 hierher überführt wurden und die seither die Schutzpatronin der Stadt ist. Über die 1861 errichtete Freitreppe

erreicht man die drei Pforten des Portals, betritt man den der frühen Gotik angehörenden Raum mit den großen Glasgemälden des 16. Jahrhunderts und der virtuosen Barockkanzel Verbruggens.

Nur noch ein paar Schritte sind es von hier zur Rue Royale und dem Regierungsviertel auf der Höhe. Brüssel wuchs seit dem Mittelalter; architektonisch aber wird es vor allem geprägt durch die Jahre nach 1830, als die Stadt unter Leopold I., unter Leopold II., unter Bürgermeister Jules Anspach, sich ihrer neuen Würde als Regierungssitz und Mittelpunkt des Landes bewußt wurde. Damals entstanden anstelle des mittelalterlichen Befestigungsgürtels die großen Ringboulevards, entstanden die breiten Avenuen, die sternförmig nach allen Seiten zielen, der Hallenbau des Palais du Cinquantenaire, der Neubau des Königlichen Palastes, der Justizpalast mit seinem ungeheuren Anspruch. Noch immer ist Brüssel vor allem eine Stadt des 19. Jahrhunderts. Nicht achtlos sollte man oben in der Rue Royale an dem Blumenladen Haus Nr. 10 vorübergehen. Er ist, außer dem Wohnhaus Hortas im Stadtteil St. Gilles und dem Palais Stoclet in der Avenue Tervuren eines der wenigen in Brüssel erhaltenen Beispiele für die Baukunst des in der Stadt einmal so exemplarisch und richtungweisend vertretenen Jugendstils.

Dann aber mag man sich im Parc du Bruxelles erholen, dem geruhsamen grünen Mittelpunkt dieses eleganten klassizistischen Viertels um das Parlamentsgebäude und den Königlichen Palast, ehe man weitergeht zur Place Royale. Vom Denkmal Gottfrieds von Bouillon hoch zu Roß zieht die Rue de la Régence, fallend und wieder ansteigend, in einer triumphalen Folge von repräsentativen Gebäuden auf den Justizpalast zu. Ihr Mittelpunkt ist die Kirche Notre-Dame des Victoires au Sablon und die beiden Plätze Grand Sablon im Nordwesten und Petit Sablon im Südosten der Straße. Die Zavelkerk, wie sie im Volksmund heißt, 1304 durch die Gilde der Brüsseler Armbrustschützen gestiftet, ähnelt im Reichtum ihrer Flamboyant-Gotik einem Reliquienkästchen aus Stein. Drinnen brennen im Dämmerlicht still die Kerzen, spanische Mystik scheint sich mit katholischer Innigkeit zu verbinden. Um den Platz Grand Sablon haben die

47 *Brüssel, Justizpalast*
Vom Parc du Bruxelles aus, wo man über dem Denkmal Gottfrieds von Bouillon hoch zu Roß den Justizpalast aufsteigen sieht, gemildert durch Entfernung und den Dunst der Stadt, wirkt dieser 122 Meter hohe, aus der Nähe so monströse wie gigantomane Bau Joseph Poelaerts mit seinem gewaltigen Portal und der über doppeltem Säulenumgang aufsteigenden Kuppel schon fast wieder erträglich. Das 1866 bis 1883 auf dem einstigen Galgenberg errichtete Gebäude umfaßt bei einer Gesamtgrundfläche von 26 000 Quadratmetern 27 große Sitzungssäle, 245 Zimmer und acht Höfe. Allein die große Halle mit ihren Treppen und Galerien überdeckt 3 600 Quadratmeter.

48 *Brüssel, Königliches Schloß*
Noch ehe König Leopold I., der erste König des neuen Belgien, am 21. Juli 1831 feierlich in seiner neuen Hauptstadt einzog, entstand 1827 bis 1829 gegenüber vom hübschen Parc du Bruxelles, dort wo sich einst die Burg der Herzöge von Brabant befand, das im Stil Ludwigs XVI. umgebaute Königliche Schloß. Mit Vorliebe wohnen die belgischen Könige allerdings von Anfang an auf ihrer Domäne Laeken am Rande der Stadt.

49 *Brüssel, Treppe im Wohnhaus Horta*
Brüssel gilt als einer der Hauptorte des Art
Nouveau, des Jugendstils. An führender Stelle
stand als Architekt der in Gent geborene
Victor Horta, ein richtungweisender Er-
neuerer der belgischen Baukunst des 20. Jahr-
hunderts. Sein 1892 bis 1893 in Brüssel ent-
standenes Hôtel Tassel gilt als der früheste
Jugendstilbau. Doch gerade in Brüssel hat sich
nicht allzuviel aus dieser Zeit erhalten, darunter
das Palais Stoclet (1905 – 1911), das der
Wiener Josef Hoffmann in der Avenue Tervuren
errichtete und das nun als Museum zugängliche
Wohnhaus Hortas im Stadtteil Saint-Gilles.

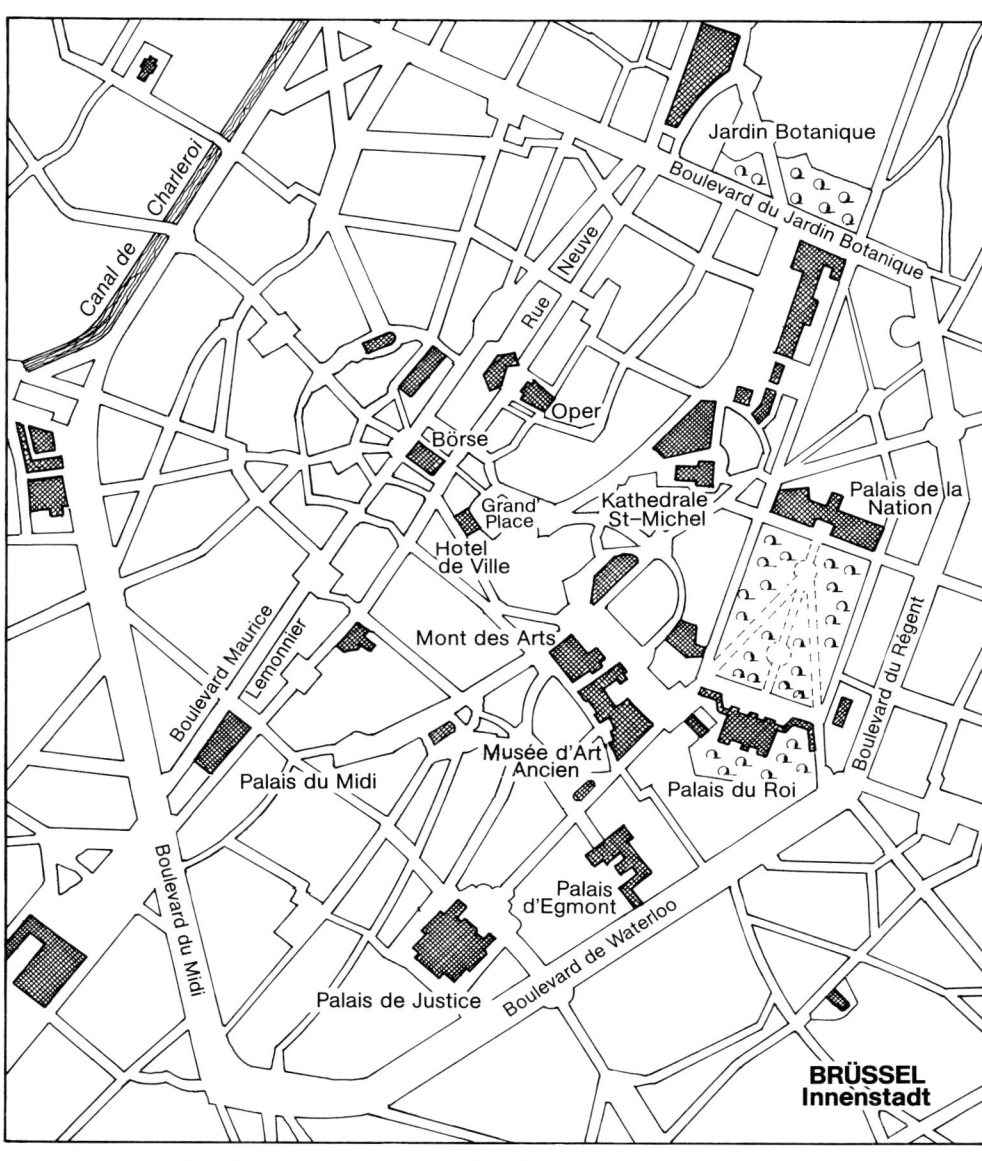

Antiquitätenhändler ihre verlockenden Schaufenster; Samstags, Sonntags wird hier Antiquitätenmarkt abgehalten, um vieles distinguierter, qualitätvoller, auch teurer als der Flohmarkt im »Marollenviertel«. Jenseits der Rue de la Régence herrscht in dem kleinen, von einem sorgsam gearbeiteten Schmiedeeisengitter und den Statuen der 48 Brüsseler Handwerke umgebenen Geviert des Petit Sablon eine verzaubernde Melancholie. Ein kleiner französischer Garten liegt hier; das Denkmal der in Brüssel hingerichteten Grafen Egmont und Hoorn erinnert an Hoffnung und Elend des 16. Jahrhunderts.

Je nach Lust, Laune und Zeit bleibt dem Besucher noch Vieles: der Ausblick vom Mont des Arts oder von der Place Polaert über die Stadt, verschwimmend in blauviolettem Dunst, schlank und hoch der Turm des Rathauses zwischen den Dächern. In der Ferne die Basilika du Sacre Coeur, so monströs wie der Justizpalast,

den man, wie die Brüsseler so treffend sagen, nur betreten kann »mit der Seele unterm Arm«.

Es bleibt die Einkaufsstadt Brüssel mit den turbulenten Straßen um die Place de Brouckère und der Eleganz der Gegend um die Porte de Namur, die Place Stéphanie und die Avenue Louise; die wahrhaft internationale Betriebsamkeit des allsonntäglichen Markts vor der Gare du Midi.

Es bleibt die Stadt der Parks und Grünanlagen zwischen dem Bois de la Cambre im Süden und dem Parc de Laeken im Norden, wo übrigens auch das Atomium steht, das Wahrzeichen der Weltausstellung 1958 und ein Symbol der modernen Stadt.

Vor allem bleibt Brüssel als Kunststadt, die eine Kunststadt von Rang ist, weil sie mit ihren über 50 Sammlungen eine Stadt der Museen ist. Angefangen beim Königlichen Museum der Alten Kunst, das mit seinen rund 1200 Gemälden eine

Sammlung von Weltruf präsentiert, über das Königliche Museum für Kunst und Geschichte in den Gebäuden am Parc du Cinquantenaire mit seinem nahezu enzyklopädischen Charakter, bis zur Waffensammlung in der Porte de Hal, dem einzigen erhaltenen alten Stadttor Brüssels, bis zur berühmten Musikinstrumentensammlung, zum Spitzenmuseum, das einen Querschnitt durch die Vielfalt einer Handwerkskunst zeigt, für die Brüssel einst so berühmt war, und zu dem eigenartigen Musée Wirtz in der Rue Vautier, das im halb verfallenen Atelier des Künstlers fast das ganze Lebenswerk dieses Malers vorstellt, einer singulären Erscheinung in der belgischen Kunst des 19. Jahrhunderts.

Es bleibt der Besuch Tervurens, den wir auf den Beginn der Route 9 verschieben wollen, die Fahrt nach Anderlecht, wo Erasmus von Rotterdam eine Zuflucht fand, die Fahrt zum Schlachtfeld von Waterloo, 18 km südlich der Stadt.

Durch Brabant und das nördliche Limburg nach Antwerpen

Route 9
253 km
Brüssel – Kapellen

Für den letzten Abschnitt unserer Fahrt durch Belgien haben wir uns fast etwas zuviel vorgenommen. Nicht der Zahl der Kilometer wegen, sondern weil Löwen zu dieser Route gehört, Mecheln und Antwerpen und weil auch die kleineren Orte, die Abteien und Wallfahrtskirchen in diesem grünen, fruchtbaren Land voll sind mit Geschichte und Kunst. Gehört doch die Gegend um das limburgische Tongeren zu den frühesten geschichtlich greifbaren Gebieten des Landes, ist die Landschaft Brabant – Wallonen und Flamen gleichermaßen beherbergend – die eigentliche Herzkammer Belgiens. Es ist ein fruchtbares Land, ein trotz seiner Waldarmut baumreiches Land: jeder Wassergraben und jede Bachrinne wird von langen Pappelreihen gesäumt, jeder Weidegrund ist baumumstanden.

Wir verlassen Brüssel auf der breiten Avenue de Tervuren, die, begleitet von Villen in großen Gärten und Parks, Brüssel von einer höchst gepflegten Seite zeigt und wohl die schönste der im 19. Jahrhundert angelegten großen Avenuen ist. *Tervuren* war bis ins 18. Jahrhundert ein beliebter Sitz des Adels bei seinen Jagden im Wald von Soignies. Heute besucht man dort das in einem wunderschönen Park gelegene, schloßartig im Stil Louis Seize errichtete Königliche Zentralafrika-Museum, das mit seinen vielfältigen Sammlungen an die Zeit erinnert, da Belgien im Kongo als Kolonialmacht engagiert war.

Wenige Kilometer sind es von da nach *Löwen,* der Wiege Brabants, Universitätsstadt und Stadt mit der größten Bierbrauerei des Landes. Seine politische, seine wirtschaftliche Blüte lag früh. Als Stammsitz der Grafen von Löwen, die sich seit 1106 Herzöge von Brabant nennen, wird Löwen nicht nur Regierungssitz, sondern rasch auch zu einem blühenden Gemeinwesen mit eigener Verwaltung und Justiz. Im 13. Jahrhundert kann sich die Stadt durchaus mit den Städten Flanderns messen, die Tuchmacherei blüht, weithin anerkannt ist die Qualität der Erzeugnisse, in Löwen arbeiten nahezu so viele Webstühle wie in Gent. Noch im gleichen Jahrhundert endet der Aufstand der Zünfte – blutig wie in den Städten Flanderns – mit der Auswanderung zahlreicher Handwerker

und einem allgemeinen Niedergang. Brüssel übernimmt die Rolle der Hauptstadt. 1425 gewinnt Löwen mit der Gründung der Universität, der ersten in den Niederlanden, eine neue weitreichende Bedeutung. Sie wird zu einem Zentrum des geistigen Lebens zwischen Mittelalter und Neuzeit, spielt noch in den Auseinandersetzungen des 20. Jahrhunderts zwischen Wallonen und Flamen eine wesentliche Rolle. Mit der Universität zieht neues Leben in die Stadt. 1426 beginnt man mit dem Neubau von St. Pieter. Obwohl drei Baumeister tätig waren, entstand ein in der Reinheit seines Stils faszinierender, lichtdurchfluteter Innenraum. Er bildet den großartigen Rahmen für die reiche Ausstattung, auch für ein bekanntes Gemälde, »Das letzte Abendmahl« von Dirk Bouts, des bedeutendsten Malers der Stadt. Der besondere Ruhm Löwens aber ist sein Rathaus, 1447 bis 1467 von Mathieu de Layens erbaut, ein filigranzart in Stein übersetztes Werk der Goldschmiedekunst mit 30 Spitzbogenfenstern, 280 figurenbesetzten Nischen und sechs durchbrochenen Türmchen, ein Höhepunkt der Spätgotik, ein Gipfelwerk der europäischen Profanarchitektur.

Bis St. Truiden bleiben wir auf der Straße Nr. 3. Die Landschaft wird bretteben, um *Tienen* dehnen sich endlos und dunkelgrün die Zuckerrübenfelder. Mit mächtigem Westturm und eindrucksvoller Portalwand der Zeit um 1360 beherrscht die Kirche Notre-Dame au Lac, deren Quellheiligtum bis ins 18. Jahrhundert ein vielbesuchtes Wallfahrtsziel war, den Marktplatz, auf dem man schnell vergißt, daß Tirlemont, wie es im Wallonischen heißt, das Zentrum der belgischen Zuckerindustrie ist. Dann Hakendover und Zoutleeuw, zwei kleine Orte, der eine direkt an der Straße, der andere über eine schöne Platanenallee zu erreichen. *Hakendover* besitzt nicht nur einen der schönsten frühen Altarschreine, die in Brabant den Bildersturm überstanden, eine köstliche Arbeit des frühen 15. Jahrhunderts. Seit dem 7. Jahrhundert ist es auch Ziel zahlreicher Pilgerfahrten; am Ostermontag findet noch immer eine turbulente Reiterprozession statt. *Zoutleeuw (Léau)* ist heute still und heimelig, ein Ackerbürgerstädtchen voller Erinnerungen an die Zeit, da es eine der sieben

50 *Löwen, Giebel des Rathauses*
Das Rathaus von Löwen ist ein Nonplusultra spätgotischen Bauens. Fast weigert man sich, dieses Werk der Steinmetzkunst, das 1447 bis 1467 von Mathieu de Layens erbaut wurde, mit seinen 30 Spitzbogenfenstern, den 280 figurenbesetzten Nischen und sechs durchbrochenen Türmchen noch als Bau zu bezeichnen. Vor diesem flämisch-brabantischen Gipfelwerk der europäischen Profanarchitektur denkt man an das Wort, es sei „ein herrlicher Schrein der städtischen Selbständigkeit".

51 *Diest, Portal des Beginenhofs*
Auch Diest, die Stadt an der Demer, besitzt einen Beginenhof. Eine winzige Stadt in der Stadt mit fünf kopfsteingepflasterten Straßen, mit einem Spital und einer Kirche aus dem 13. Jahrhundert, mit kleinen Häusern, in deren Nischen Heiligenfiguren stehen und mit einem barocken Eingangsportal von 1671, einem der prachtvollsten, das sich im ganzen Land finden läßt.

52 *Averbode, Torhaus der Abtei*
Inmitten von Laub- und Kiefernwaldungen liegt die Abtei, die auf eine Gründung der Prämonstratenser um 1135 zurückgeht. Durch das Torhaus von 1561 kommt man in einen weiträumigen Hof, umstanden von den Klostergebäuden und der so überraschend hoch und schmal aufstrebenden Barockfassade, die der Kirche aus hellem Stein vorgeblendet ist. Barock wirkt auch das Innere der Klosterkirche, die 1664 bis 1672 von J. van den Eynde erbaut wurde, in der Langhaus und Chor die gleiche Ausdehnung aufweisen und deren schönster Besitz das figurenreiche, aus Eiche geschnitzte Chorgestühl von Artus Quellinus ist.

53 *Mecheln, »Haus des Großen Rats«*
und Tuchhalle

Mecheln verdankte wie so viele brabantische, vor allem aber flandrische Städte seinen wirtschaftlichen Aufstieg im Mittelalter der Tuchherstellung. Ehe man 1230 begann, eine eigene Tuchhalle zu errichten, schickten die Stadtväter den Hallenmeister Willem de Amman nach Brügge, damit er dort »die Halle besichtige und die Anordnung mitbringe«.
So entstand in Mecheln zwar wie in Brügge eine Vierflügelanlage mit Innenhof, doch lassen die blockhafte Wucht des Mechelner Baues und der fehlende (nicht vollendete) Belfried einen architektonisch völlig anderen Eindruck als in Brügge entstehen. Zumal die Tuchhalle in Mecheln auch nicht freistehend den ganzen Markt beherrscht, sondern fast zurücktritt neben dem feinen Filigran der Flamboyant-Gotik Rombout Keldermans, mit der er 1529 das »Haus des Großen Rats« plante und neben der alles beherrschenden Kraft des Turms von St. Rombout, der auch auf den Grote Markt hinunterblickt.

freien Städte des Herzogtums Brabant war, da es im frühen Mittelalter – nahe der Grenze des Herzogtums gelegen – für die zwischen dem Reich und Flandern reisenden Kaufleute so wichtig war, daß selbst italienische Banken hier Filialen errichteten. Die ehemalige Tuchhalle, das Rathaus von Rombout Keldermans, Patrizierhäuser drängen sich um die Kirche St. Leonhard. Ihr Inneres, eine Schatzkammer der Gotik, an deren Reichtum Bildhauer, Maler und Gelbgießer gleichermaßen mitwirkten, ist eines der wenigen Beispiele für das Aussehen der Kirchen des Landes, ehe Bilderstürmer und Kriege sie leerfegten.

St. Truiden (Saint-Trond) liegt schon im Limburgischen. Auch dieser Stadt, die vor allem durch ihre im 7. Jahrhundert gegründete Benediktinerabtei und die Zugehörigkeit zum Fürstbistum Lüttich geprägt wurde, kam im Mittelalter die Lage an der Handelsstraße Köln-Brügge zugute. Der weiträumige Marktplatz – ohne Autos wäre er einer der schönsten Belgiens – erhielt jedoch erst im 17./18. Jahrhundert sein heutiges Aussehen, als man daranging, voller Bürgerstolz den schlanken, hochstrebenden Belfried und das Rathaus zu errichten. Durch die Obstgärten des Hasbengaues mit ihren Apfel- und vor allem Kirschbäumen fährt man Richtung Tongeren. Sie machen St. Truiden zu einem der wichtigsten Obstumschlagplätze des Landes, beflügeln Hausfrauen und Konditoren der Stadt zu immer neuen kulinarischen Schöpfungen.

Tongeren (Tongres) ist die älteste der belgischen Städte und die Stadt mit dem ersten Bischofssitz des Landes. Schon früh besaßen die Römer an dieser strategisch wichtigen Stelle der Straße Bavai – Köln eine Siedlung, die im 2. Jahrhundert auf 4,3 km Länge mit Wall und Graben umgeben war. Sie ist möglicherweise jenes Atuatuca Tungrorum, das Cäsar erwähnt und bei dem 54 v. Chr. der Eburonenführer Ambiorix die 14. italische Legion vernichtete. Heute ist Tongeren eine kleine, sympathische Landstadt, für die der Bau der Liebfrauenkirche (12.–16. Jh., auf frühchristlichen Fundamenten) mit ihrem eleganten, unvollendet gebliebenen Turm viel zu groß zu sein scheint. Auf dem Marktplatz steht das martialische Denkmal des Ambiorix. Nur die Schätze des Gallo-Römischen

Museums und der Reichtum des Kirchenschatzes, zu dem eine byzantinische Elfenbeinplatte des 6. Jahrhunderts gehört, blieben von der Vergangenheit.

Nach *Bokrijk* fährt man am bequemsten von Hasselt aus. Das 500 Hektar große Naturschutzgebiet voller Heide und Sand, den kleinen Kiefernwäldern und Weihern, ist typisch für die Landschaft des Kempenlandes, das nicht nur den größten, nördlichen Teil der belgischen Provinzen Limburg und Antwerpen einnimmt, sondern auch hinübergreift in die Niederlande. Hier im Freilichtmuseum Bokrijk begegnet uns liebevoll bewahrt noch das Land, in dem die Menschen Felix Timmermans daheim waren, das von Bauern geprägte Kempenland, das sich immer rascher verändert, seit der Albert-Kanal die Maas mit Antwerpen und der Nordsee verbindet, seit die sieben Großzechen nördlich von Hasselt nahezu die Hälfte aller in Belgien geförderten Steinkohle liefern, seit man Mol zum Kernforschungszentrum Belgiens gemacht hat. Auch Glaube und Aberglaube, auch die Frömmigkeit gehörten – und gehören wohl noch immer – zu diesem Land. Sie leben in den Wallfahrten, die alljährlich mehr als 800 000 Pilger zu »Unserer Lieben Frau« nach *Scherpenheuvel* führen, aber auch in der kleinen Prozession, die am Allerheiligentag in *Diest* stattfindet, und bei der wie seit Jahrhunderten kleine Wachsvotive geopfert werden. Glaube und Frömmigkeit schufen im 17./18. Jahrhundert den so besonders liebenswürdigen Beginenhof von Diest mit seinen fünf kopfsteingepflasterten Straßen, mit Kirche und Spital, den vielen kleinen Häusern, den Heiligenfiguren in den Nischen und dem prachtvollen Barockportal. Glaube und Frömmigkeit begegnen uns in der waldumrauschten Prämonstratenserabtei *Averbode*, wo hinter dem Eingangsgebäude des 16. Jahrhunderts aus braunrotem Backstein so unvermutet schmal, hoch und hell die Steinfassade einer in Belgien höchst ungewöhnlich wirkenden Barockkirche emporwächst, aber auch in *Aarschot*, das seine eigene wundertätige Madonna besitzt. Es ist der wirtschaftliche Mittelpunkt jener ländlichen Bezirke, aus denen die meisten der Wallfahrer kommen, die so leidenschaftlich gern und auf echt bruegelsche Art das hingebende Gebet mit genauso hingebendem Essen und Trinken zu verbinden wissen.

Dies läßt uns an den Spargel denken, der auf den Feldern um *Mecheln* so vorzüglich gedeiht, aber auch wieder an die Frömmigkeit, ist doch gerade in Mecheln der Glaube an die Macht der Kirche höchst lebendig. Nicht umsonst ist die Stadt seit über 400 Jahren Sitz des Primas der katholischen Kirche und deren religiöses Zentrum in Belgien. Im Mittelalter war auch Mecheln eine Stadt, die der Tuchindustrie ihren ersten wirtschaftlichen Aufstieg verdankte, die zeitweilig sogar Regierungssitz war. Unter Margaretha von Österreich, die eine besondere Vorliebe für die Stadt hegte, erlebte Mecheln im 1. Drittel des 16. Jahrhunderts sein von Kunst und Kultur geprägtes »goldenes Zeitalter«. Als Generalstatthalterin der Niederlande zog sie Gelehrte und Künstler an ihren Hof, förderte sie Rombout Keldermans, der jener bedeutenden Baumeister-Dynastie angehörte, die fast zwei Jahrhunderte hindurch, vom 14. bis ins 16., maßgebend an der Entwicklung und Ausformung der »Brabanter Gotik« beteiligt war. Keldermans baute das Palais Margarethas, den heutigen Justizpalast, begann den Bau des Rathauses neben der Tuchhalle des 13. Jahrhunderts, übernahm die Bauleitung für den Turm von St. Rombouts. Er sollte mit 167 Metern der höchste Turm der Christenheit werden, ist aber auch mit den erreichten 97 Metern in seiner plastischen Kraft und Monumentalität nicht nur das Wahrzeichen Mechelns, sondern auch der eindrucksvollste Kirchturm dieser Art im ganzen Land. Seit Jef Denijn die alten Gesetze der Glockenmusik wieder entdeckte und 1922 seine weltbekannte Beiaardschool gründete, ist das Glockenspiel von St. Rombouts mit seinen 49 Glocken auch zu einem Vorbild für all die »singenden Türme« geworden, für die Belfriede und Kirchtürme ringsum im Land, von denen nicht nur viertel- und halbstündlich die kleinen, liebenswürdigen, über mechanische Werke abgespielten Melodien erklingen, sondern auf denen musizierende Glockenspieler ganze Choräle und Sonatinen anstimmen. Mecheln, diese reizvolle kleine Stadt um den vom dichten Laub der Kastanien beschatteten St. Romboutsplatz, um Kornmarkt und Großen Platz, steckt voller Kirchen und voll manchmal recht eigenwilliger Zunft- und Bürgerhäuser des 14. bis 17. Jahrhunderts. Es lohnt sich zu Fuß zu gehen, ehe man – nicht ohne *Lier* zu besuchen, die Stadt Felix Timmermanns, die Stadt Pallieters und der Jungfer Symforosa, dem Beginchen – endgültig nach Antwerpen fährt.

Auch in *Antwerpen*, Welthafen und Industriestadt, Stadt der Diamanten und der Petrochemie, und trotzdem eine warmherzige Stadt voller Heiterkeit, kann und sollte man Fußgänger sein. Die Stadt ist zwar groß, im alten Kern aber beschaulich und überschaubar. Der Wagen bleibt am besten in einem der ehemaligen Lagerschuppen, die über hunderte von Metern die Schelde begleiten und die nun, da die modernen Hafenbecken 20 km näher an der Nordsee in den Marschen des Scheldebogens liegen, liebevoll restauriert als Parkhäuser dienen, eine Reminiszenz an das 19. Jahrhundert und eine kleine Sehenswürdigkeit für sich mit ihrer Gußeisenkonstruktion, den reich verzierten Giebeln und den rhythmisch geformten Dächern. Da hat man auch gleich einen Blick auf den Fluß, dem die Stadt ihren mittelalterlichen und ihren modernen Aufstieg verdankt, und auf die Burg, mit der alles begann. 836 wird der »Steen« – noch heute das älteste Gebäude der Stadt und nun stimmungsvoller Rahmen für das sehenswerte Nationale Schiffahrtsmuseum – von den Normannen zerstört; spätestens seit 1008 ist die Burg Sitz eines Markgrafen. Bereits 1031 aber wird Antwerpen als Hafenplatz erwähnt, der 1291 Stadtrechte bekommt und Beziehungen zur Hanse unterhält. Das Versanden des Brügger Hafens bringt der Stadt die erste große Blüte. Der einträgliche englische Woll- und Tuchhandel wird mehr und mehr über Antwerpen abgewickelt, Geld fließt in die Stadt. Das großartige Zunfthaus der Metzger, ein Bau aus roten Ziegeln und weißem Stein, flankiert von sechs Sechsecktürmen entsteht. Man vollendet die schon 1352 unter Pieter Appelmans begonnene Kathedrale mit dem 123 Meter hohen Nordturm. Siebenschiffig, über dem kreuzförmigen Grundriß 117 Meter lang und 65 Meter breit, mit 125 Pfeilern im lichtdurchfluteten Inneren, ist diese

54 *Antwerpen, der »Handwerper« des Brabobrunnens vor der Fassade des Rathauses*
Als Jef Lambeau 1887 seinen großen Brunnen vor der Fassade des Antwerpener Rathauses schuf – 1561 bis 1565 von Cornelis Floris in italienisch beeinflußter und doch so flämischer Renaissance errichtet –, dachte er an die alte Sage, die sich mit der Entstehung Antwerpens verbindet: der Riese Druon Antigonus beherrschte die Schelde, ließ niemand ohne Wegzoll ein- und ausfahren, bis Salvius Brabo kam, ihm die Hand abschnitt und in die Schelde warf.

55 *Antwerpen, Blick über die Altstadt zur Schelde*
Der Blick hinweg über Antwerpens großartige Kathedrale zur Schelde verbindet zwei Epochen im Leben der Stadt. Im Vordergrund die Altstadt und jener Abschnitt des Flusses, auf dem zur Blütezeit Antwerpens gleichzeitig hunderte von Schiffen vor Anker lagen. Damals, als – wenn man dem Florentiner Guicciardini Glauben schenken darf – allein im Jahr 1566 aus Portugal Gewürze und Zucker im Wert von 1,5 Millionen Dukaten eingeführt wurden, aus Italien Seiden- und Goldstoffe für 3 Millionen, deutscher und französischer Wein für 2,5 Millionen, Getreide aus den Ostseegebieten für 1,5 Millionen, und als die Gesamteinfuhr aus England 12 Millionen Dukaten wert war, als man Antwerpen, selbst Venedig übertreffend, als die lebendigste und herrlichste Stadt der christlichen Welt bezeichnete. Dahinter das moderne Antwerpen, die »Stadt der Zukunft« mit ihren Hochhäusern, den Werken der Petrochemie, dem neuen Seehafen, nach Rotterdam und Hamburg der bedeutendste des europäischen Festlandes.

Das Haus, das sich Peter Paul Rubens nach seiner Vermählung mit der 18jährigen Isabella Brant im Jahre 1610 erbaute, wurde 1946 im Inneren in einer Art wiederhergestellt, die viel vom Geist der damaligen Zeit wieder lebendig werden läßt. Es ist ein Haus, das zur Straßenseite hin ganz flämisch, fast bescheiden wirkt und das sich dann mit Innenhof und Gartenfassade als Palazzo italienischer Prägung entpuppt, der dem hohen künstlerischen und repräsentativen Anspruch dieses Grandseigneurs und fähigen Diplomaten, dieses Fürsten unter den Malern seiner Zeit voll entsprach.

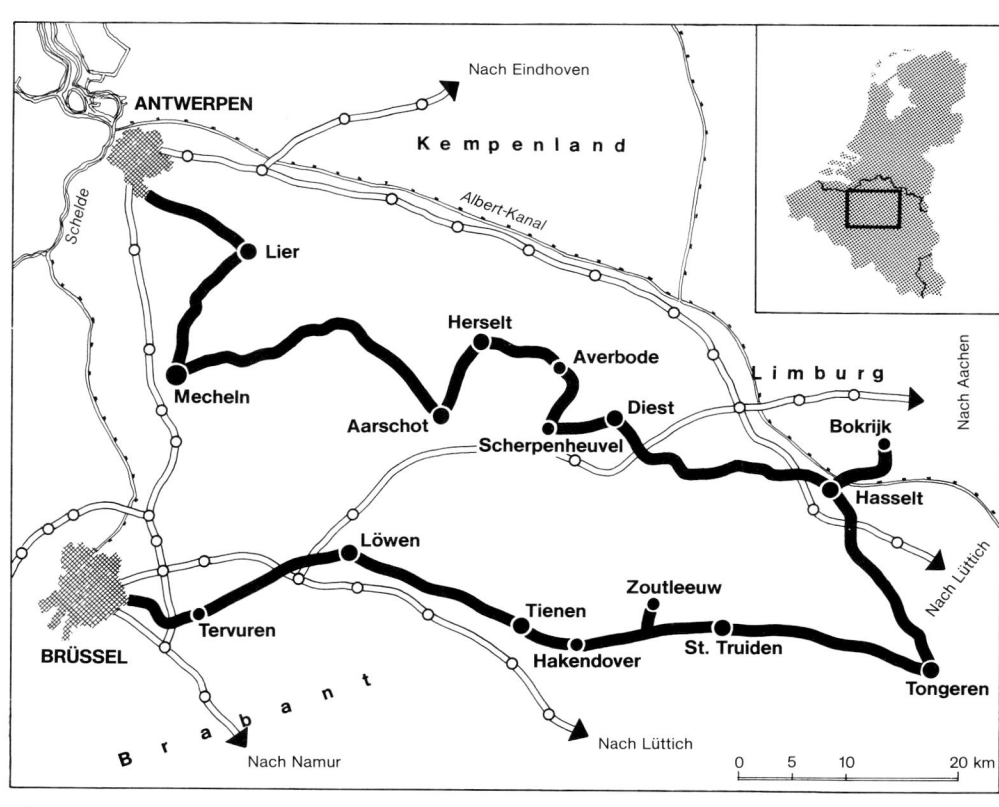

Kirche ein begeisternder Höhe- und Endpunkt der belgischen Sakralarchitektur der Gotik, würdig der Stadt, die nun erst beginnt, diesen hochgemuten Rahmen voll auszufüllen. Entwickelt sich doch Antwerpen in der Zeit Karl V., in der es als Mittelpunkt des Handels mit den portugiesischen und spanischen Überseegebieten die Erdteile miteinander verbindet, zur reichsten Handelsstadt Europas. Nun entstehen die völlig durchfensterten, von der Vertikale geprägten Zunfthäuser am Groote Markt; Cornelis Floris baut 1561 bis 1565 das Rathaus, das mit seiner ins Flämische abgewandelten italienischen Renaissance diesen Platz so machtvoll beherrscht.

Dann bricht die »Furie espagnole« auch über diese Stadt herein. Die Ketzergerichte Philipp II., die Tausende zur Auswanderung zwingen, die Plünderungen der Soldateska unter Herzog Alba und Alessandro Farnese treffen die Stadt schwer. Endgültig aber wird der Niedergang durch die im Frieden von Münster 1648 von den nördlichen Niederlanden erwirkte Handelssperre der Schelde. Amsterdam, Rotterdam treten das Erbe Antwerpens an, bis die Aufhebung der Scheldezölle im ausgehenden 18. Jahrhundert einen allmählich einsetzenden Wiederaufstieg bringt.

Gerade in der schrecklichen Zeit der religiösen Unruhen, der Inquisition, des allgemeinen Umbruchs und den wenigen geruhsameren Jahrzehnten unter der Statthalterschaft Erzherzogs Albrecht von Österreich und seiner Gemahlin Isabella, der Tochter Philipp II. von Spanien, erlebt Antwerpen im späten 16. und frühen 17. Jahrhundert einen Höhepunkt geistigen und künstlerischen Lebens von europäischem Rang. Die Druckwerke Christoph Plantins, dessen Druckerei sich mit Unterstützung seines Schwiegersohns Johann Moretus zur größten und einflußreichsten Westeuropas entwickelte, sind berühmt für ihre Qualität und Schönheit. Gelehrte aller Länder trafen sich in seinem Haus am Vrijdagmarkt, einer altflämischen Patrizierwohnung, die noch heute eine Atmosphäre subtiler Kultur bewahrt. Wenige Straßenzüge weiter »residierte« Peter Paul Rubens – Malerfürst, Grandseigneur und Diplomat – in seinem nach italienischen Vorbildern und eigenen Wünschen erbauten Haus, arbeiteten in seinem großen Atelier Maler wie Jordaens, Snyders, Jan Bruegel, Anton van Dyck. Die Kirchen, vor allem die Museen Antwerpens sind noch heute wahre Schatzkammern, Schatzhäuser flämischniederländischer Malerei.

Über den »Meir«, die elegante, höchst lebendige Einkaufsstraße Antwerpens, wird man zurückgehen zum Groenplaats, wo man unter dem ragenden Turm der Kathedrale vor den kleinen Restaurants und Cafés so geruhsam im Freien sitzt. Man wird rings um den Großen Markt und die Kathedrale bis hinunter zur Schelde durch die schmalen, krummen Gassen schlendern, deren Häuser noch so oft ihre Hausmadonnen mit der schmiedeeisernen Laterne bewahren. Man wird dem Großen Markt und dem »Handwerper« des Brabobrunnens einen letzten Besuch machen, vielleicht noch eine Portion »Aal grün«, dieses Antwerpener Leibgericht mit der warmen Sauce aus Spinat, Petersilie, Sauerampfer, Zitronenmelisse und viel Kerbel essen, ehe man diese bei allem weltstädtischen Flair behaglichste, flämischste unter den belgischen Städten nicht ohne leises Bedauern verläßt, um über Kapellen zur belgisch-niederländischen Grenze zu fahren.

Über die »Inseln« Zeelands nach Südholland

Route 10
236 km (ohne Hafenrundfahrt Rotterdam)
Kapellen – Delft

Schon in Antwerpen mit seinem Welthafen lebt man im Bewußtsein der nahen Nordsee. Hat man aber erst einmal die belgisch-niederländische Grenze hinter sich, so werden Meer und Wasser vollends allgegenwärtig. Land und Wasser, Süßwasser, Salzwasser, bilden hier ein seltsam ineinander gewobenes Geflecht, in dem überall Deiche und Schleusen, Pumpwerke und Entwässerungskanäle nötig sind, um das bewohnbare, bebaubare Land zu erhalten, von dem ein Viertel bis zu 6,5 Meter unter der Meeresoberfläche liegt und von dem die Hälfte unter Wasser stünde, wenn alle Schutzmaßnahmen gleichzeitig versagten.

Auf Zeeland, diesem einstigen Inselgebiet, dessen Aussehen sich durch die Jahrhunderte durch Einpolderungen und Überschwemmungen ständig änderte und bei dem sich Wasser und Land flächenmäßig noch immer fast die Waage halten, dessen Geschichte stärker als die jeder anderen niederländischen Provinz vom Kampf gegen das Wasser geprägt wurde, wo man schon im 7. Jahrhundert begann Deiche aufzuwerfen, ist es vor allem die Nordsee, die den Menschen herausforderte, seit man denken kann. Immer schon und bis in die jüngste Zeit haben hier im Mündungsgebiet von Schelde, Maas und Waal, Meer und Sturm besonders erbarmungslos gewütet. Weit über 600 Überschwemmungen wurden auf Zeeland gezählt. Unvergessen sind die sogenannte St. Elisabeths-Flut des Jahres 1421, die bis in die Umgebung Dordrechts 72 Dörfer zum Teil spurlos verschwinden ließ; die Flut des Jahres 1530, bei der auf Zuid-Beveland 18 Dörfer und die Stadt Reimerswaal versanken; die Allerheiligen-Flut, die zwei Jahre später St. Philippsland den Untergang brachte. Noch bei der Sturmflut des 31. Januars 1953 kamen in einer einzigen Nacht 1835 Menschen ums Leben. Es war eine Herausforderung, die von den Niederlanden mit dem Deltaplan beantwortet wurde. Durch ihn soll das gesamte großflächige Mündungsdelta der drei Flüsse bis auf je eine Öffnung für Rhein (= Waal) und Schelde mit fünf großen Abschlußdämmen, mit Nebendämmen und dem Sturmflutwehr an der besonders gefährdeten Hollandse Ijssel abgeschlossen werden. Der Plan ist der Höhepunkt aller bisherigen niederländischen Wasser-

schutzmaßnahmen, eine unerhörte technische Glanzleistung. Aber er ist auch ein schwerwiegender Eingriff, der nicht nur Sicherheit bringen wird und große Süßwasserreservoirs zwischen den einstigen Inseln entstehen läßt, sondern auch gewaltige, nicht ganz absehbare ökologische und soziale Umwälzungen nach sich zieht.

Wenn man von Antwerpen kommend über den Grenzort Putte nach Zeeland fährt, wird man bis hinter Hoogerheide von der Landschaft des Kempenlandes begleitet. Vom Meer her weht der Wind, treibt die Wolken landeinwärts, türmt sie in einem grenzenlosen Himmel zu immer neuen Formen. Noch in den kleinsten Dörfern fällt die penible Sauberkeit auf, die uns durch alle niederländischen Provinzen begleiten wird, die Freude an der Gepflegtheit von Haus und Garten, an Blumenschmuck, an den Nippes in den inzwischen weithin von Gardinen eroberten Fenstern.

»Mille periculis suporum«, »Ich trotze tausend Gefahren«, der Wahlspruch, der für ganz Zeeland gelten könnte, steht in schöner Selbstsicherheit im Giebel des Rathauses von *Bergen op Zoom*, zu dem uns ein Abstecher von sechs Kilometern bringt. Auch für diesen, einst stark befestigten kleinen Ort an der alten Scheldemündung, Bollwerk und Vorhafen Antwerpens, gehörten Verteidigung und Kampf mit dem Wasser zum Alltag der Jahrhunderte. Vom Turm der St. Gertruidenkerk schaut man hinaus auf die Oosterschelde, an deren Zukunft sich die hitzigsten Debatten der Deltaplanung entzündeten. Weiß doch niemand genau wie sich der Bau des 9,5 km langen sogenannten Pfeilerdammes zwischen Noord-Beveland und Schouwen auf das verhältnismäßig unberührte Salzwasserbecken mit seinen beträchtlichen Gezeitenschwankungen auswirken wird, das heute ein ideales Gewässer für Planzen- und Tierwelt des Meeres, für Fischer und Austernzüchter ist.

Auf dem schon 1867 angelegten Damm zwischen Oosterschelde und Westerschelde fährt man nach Zuid-Beveland und Walcheren. Mitten im fruchtbaren Garten- und Bauernland: *Goes*. Man sollte am Dienstag kommen, wenn sich die Bauern ganz Zuid-Bevelands, häufig

57 *Altes Fischerboot im Veerse Meer*
Einige Jahre, Jahrzehnte hindurch, waren die alten Fischerboote fast verschwunden. Die Fischer hatten, zumal in der eingedeichten einstigen Zuiderzee den Beruf gewechselt oder sich moderne Kutter gekauft. Jetzt begegnet man ihnen wieder, den Schiffen mit den rostbraunen Segeln. Im Ijsselmeer, zwischen den Inseln Zeelands, sind sie vor allem für junge Leute zum Inbegriff von Seefahrer- und Hafenromantik geworden.

57 *Markttag in Middelburg*
Auf Walcheren werden die alten Trachten noch immer mit größter Selbstverständlichkeit getragen. Vor allem zu den Märkten in Goes und Middelburg kommen die Frauen mit dem »beuk«, einem Schulter- und Brusttuch aus geblümter Seide, den prachtvollen, eng um den Hals liegenden breiten Ketten aus Korallen oder Granaten und den mit goldenen »Ohreisen« befestigten kleinen weißen oder hellblauen Hauben.

59 *Veere, Rathaus*
Veere auf Walcheren ist mit seinem figurengeschmückten, von einem prachtvollen Turm überragten Rathaus, den schmalen Straßen, den beiden im 16. Jahrhundert erbauten »Schotse Huizen« draußen am Hafen, die an die Zeit erinnern, da Veere der wichtigste Umschlagplatz für schottische Rohwolle war, eines der reizvollsten unter den ehemaligen Fischer- und Hafenstädten Zeelands.

60 *Zierikzee, Zuidhavenpoort*

60 Zierikzee, Zuidhavenpoort
Auch Zierikzee auf Schouwen-Duiveland gehört zu den malerischen kleinen Städten Zeelands, in denen das Leben bis in die jüngste Zeit zwischen Giebelhäusern und Grachten recht beschaulich und geruhsam verlief. Von der einstigen Befestigung der durch den Salzhandel wohlhabend gewordenen Stadt stehen noch drei Tore, darunter die schöne Zuidhavenpoort aus der 1. Hälfte des 14. Jahrhunderts mit ihren vier Ecktürmen.

noch in ihrer traditionellen Tracht, auf dem Markt treffen: die Männer ganz in Schwarz mit silbernen Knöpfen; die Frauen farbiger, mit dem »beuk«, einem Schulter- und Brusttuch aus geblümter Seide, der prachtvollen Kette aus Korallen oder Granaten und mit einer der eigenartigen Hauben, die mit den goldenen »Ohreisen« geschmückt sind und die, verschiedenst geformt, nahezu zu jeder niederländischen Frauentracht gehören. Wie bei den Flamen fällt das Heitere, Offene im Wesen des Zeeländers auf, seine Liebe zum Überkommenen in Sitte und Brauch, aber auch die dunklen Augen, die manchmal fast schwarzen Haare, die daran erinnern, daß die Spanier auch hier Stützpunkte hatten.

Vlissingen, der südlichste Handels- und Fischereihafen, ist ein aufstrebendes Industriestädtchen geworden. Auf der Mole, wo man dem lebhaften Verkehr der Frachter und Passagierschiffe auf ihrem Weg von und nach Antwerpen zuschaut, steht in Siegerpose das Denkmal des berühmtesten Sohnes der Stadt, des 1607 in Vlissingen geborenen Admirals de Ruyter, des wohl hervorragendsten Flottenführers, den die Niederlande je hatten.

Middelburg ist nah. Nur 7 km fährt man am »Kanaal door Walcheren« entlang, um in die höchst lebendige Hauptstadt der einstigen Insel zu kommen. Heute eine aufblühende Kleinstadt, die die Gunst der Stunde wirtschaftlich wohl zu nützen weiß, konnte Middelburg im 15. Jahrhundert dank seines Importmonopols für Gewürze und Seidenstoffe für einige Zeit selbst mit Brügge in Wettstreit treten. Zunft- und Lagerhäuser erinnern daran, daß Middelburg später auch Stapelplatz für französischen Wein war, zeitweilig ein wichtiger Umschlagplatz des englischen Tuch- und Wollhandels, ein Ort, in dem sich während der Schreckensherrschaft der Spanier, vor allem nach dem Sturz Antwerpens, zahlreiche südniederländische Kaufleute niederließen. Kein Wunder, daß das Rathaus Middelburgs, für dessen Bau man die Keldermans aus Mecheln berief, zu den schönsten der Niederlande zählt. Ganz flämisch ist es mit dem hellen, grauweißen Stein, der durchfensterten Fassade, den 25 Figuren von holländischen und zeeländischen Grafen und Gräfinnen unter ihren hohen, krabbenbesetzten Baldachinen. Ein prächtiger Hintergrund

an den Donnerstagen, wenn der große Platz nicht voll Autos steht, wenn sich im Gewühl des Markttages auch hier die Bewohner der Umgebung in ihrer typischen Tracht unter die Schauenden und Kaufenden mischen. Vom »Langen Jan«, dem 87 Meter hohen, barocken Turm der ehemaligen Abteikirche überblickt man ganz Walcheren, das zwar 1953 recht weitgehend von der Sturmflut verschont wurde, neun Jahre vorher aber in den Kämpfen des 2. Weltkrieges durch das Bombardement der Deiche in eine einzige Wasserwüste verwandelt worden war. Nun dehnt sich das Land wieder flach, grün und wohlbestellt bis zum blaugrauen Saum des Meeres.

Im Nordosten liegt *Veere*, die liebenswürdigste unter den Städten Walcherens. Es macht Spaß, durch seine schmalen Straßen zu schlendern; zu der für den kleinen Ort auch unvollendet noch viel zu großen Kirche zu gehen; zum Rathaus, das, viel strenger und einfacher, doch dem Middelburger nachzueifern scheint; zum Campveerer Tor; zu den Häusern entlang der Kade, dem alten Hafen. Lange Zeit waren hier vor allem die Hummerfischer daheim mit ihren bunt bemalten Schiffen und den charakteristischen braunen Segeln. Seit 1961 durch die Absperrung des Veerse Gat der Zugang zur Nordsee verloren ging, haben sie die Stadt verlassen. Nun liegen Yachten und Segelboote dichtgedrängt in dem kleinen Hafen. Veere ist zum Zentrum des Wassersportgebietes im Veerse Meer geworden: turbulent, überlaufen im Sommer; still, ja einsam im Winter.

Entlang am Veerse Meer und über den Abschlußdamm im Veerse Gat kommen wir nach Noord-Beveland. Unsichtbar liegt die Nordsee hinter den Dünen, hinter fahlgelbem Sand und graugrünem Strandhafer. Wegzoll ist zu zahlen, ehe man auf der Zeelandbrug, dieser eleganten weißen Brücke mit ihren über 50 flachen Bögen und einer Länge von über 5 km hinüber nach Schouwen-Duiveland fahren kann. *Zierikzee* liegt dort, einer der malerischsten Orte Zeelands, mit drei Stadttoren und weißen Zugbrücken, mit holprigem Kieselpflaster. Eine Kleinstadt voller wohl erhaltener Giebelhäuser des 14. bis 16. Jahrhunderts und mit einem Kirchturm, der nach den Plänen Andries Keldermans 207 Meter hätte hoch werden sollen.

Die schon zum südlichen Teil der ehemaligen Grafschaft Holland gehörende einstige Doppelinsel Goerre-Overflakkee, die wir über den Grevelingendam erreichen, unterscheidet sich kaum vom übrigen seeländischen Gebiet. Bauern wohnen auch hier. Das Land ist fruchtbar und wohl bestellt. Größter Ort ist *Middelharnis*, das der Maler Meindert Hobbema mit seinem berühmten Gemälde »Die Allee von Middelharnis« (National Gallery London) weit über die Grenzen Hollands hinaus bekannt machte. Auch der Volkerakdam, über den wir bis zum Hellegatsplein, der neuen Drehscheibe des Verkehrs mitten im Haringvliet fahren, gehört zum großen Damm- und Schleusensystem des Deltaplans. Auf schnellstem Weg könnte man von hier aus über die Haringvlietbrug direkt nach Rotterdam kommen. Unser nächstes Ziel aber ist *Dordrecht*, eine der ältesten Städte der Niederlande, bis zum 13. Jahrhundert Sitz der Grafen von Holland. Überquert man auf der von Breda kommenden A 16 das Hollands Diep und fährt man hinüber auf das »Eiland van Dordrecht«, so ist man mitten in einem der ältesten niederländischen Poldergebiete: fruchtbar und wohl besiedelt, bis die St. Elisabeth-Flut des Jahres 1421 alles zerstörte, eine Flut, nach der man, wie zeitgenössische Chronisten berichten, vom Turm der Dordrechter Grote Kerk »in der ganzen Runde auf ein schier unendliches Meer« blickte. Das ganze weite Land östlich von Dordrecht wurde nie rekultiviert, zu unberechenbar schien der Lauf und die Gewalt der Wassermassen von Rhein und Maas. Es entstand der sogenannte *Biesbos*, ein über viele Kilometer hin eigenartiges, noch von Ebbe und Flut beeinflußtes Sumpfgebiet voller Kanäle und Inselchen, eine nur auf dem Wasser zugängliche Landschaft von faszinierender Unberührtheit, ein Dorado der Wasservögel, ein Paradies der Naturfreunde. Der Deltaplan wird auch hier vieles ändern.

Dord, wie man hier kurz und liebevoll sagt, war um 1400 die größte der holländischen Städte, reich geworden als wichtigster Hafenplatz im Rheindelta, als Hansestadt und dank einträglicher Zoll- und Stapelrechte. Hier trafen sich die Deputierten der »Zeven Provincien«, der niederländischen Kernlande, 1572 im Kampf gegen die Spanier zur Wahl Wilhelm des Schweigers, schuf man die Voraussetzungen für die spätere Unabhängigkeit der »Generalstaaten«. Das auf einer Insel im Zentrum wichtiger Wasserstraßen und am Beginn des eigentlichen Rhein-Maas-Deltas gelegene Dordrecht bewahrt – auch wenn Fluß und Stadt längst nicht mehr so aussehen, wie Jan van Goyen sie vor gut 300 Jahren malte – noch immer seinen altholländischen Stadtkern. Machtvoll überragt, der vierkantige Turm der Grote Kerk, auch er unvollendet, die von schönen Giebelhäusern des 16. bis 18. Jahrhunderts, von Patrizierhäusern, von Lagerhäusern, gesäumten Grachten, die hier »havens« heißen und die mit Yachten und Segelbooten, mit Lastkähnen und kleinen Frachtern voller Betriebsamkeit sind. Seit 1618 blickt die Groothoofdspoort hinaus auf den breiten Rheinarm des Merwede, auf sein nördliches Ufer, das mehr und mehr von der Industrie erobert wird, seit Dordrecht 1962 seinen neuen Seehafen bekam. Am südöstlichen Ende des unter dem einprägsamen Namen »Randstad« zusammengefaßten Ballungsgebiets zwischen Rotterdam und Amsterdam gelegen, ist Dordrecht mit Werften und Fabriken, mit dem regen, manchmal überwältigenden Verkehr zu Wasser und zu Land gewissermaßen schon ein Abbild des Welthafens *Rotterdam*. Nur daß hier vieles noch in menschlichen Maßen erscheint, was dort Dimensionen erreicht, die zwar immer beeindrucken, in ihrer wuchernden Unerbittlichkeit aber doch zuweilen erschrecken.

Freilich, schaut man vom Rotterdamer Euromast hinunter auf die Stadt und die grandios-bizarre Hafenlandschaft, macht man eine der organisierten Hafenrundfahrten mit, so erscheint das ganze Leben und Treiben vor allem aufregend interessant. Erst wenn man mit dem eigenen Auto der sorgsam ausgeschilderten »Rotterdamse Havenroute« des ANWB über mehr als 100 km bis hinaus zum äußersten Punkt des Oil Terminal folgt, wo die Mammuttanker, ohne daß eine Menschenseele zu sehen ist, mit einer Löschgeschwindigkeit von 30000 Tonnen pro Stunde entladen werden, mischt sich ein Gefühl von Unbehagen in die Bewunderung, ahnt man, wie sehr diese hoch-

technisierte, geometrische Welt in Weiß und Silber mit ihren endlosen Rohrleitungen und aneinandergereihten Lagertanks letztlich lebensfeindlich ist, begreift man aber auch, wie sehr Rotterdam mit seinen vielfältigen alten, neuen und neuesten Hafenanlagen nur noch in europäischem, weltweitem Zusammenhang begriffen werden kann.

Die Stadt selbst, die im letzten Weltkrieg wie keine andere der Niederlande gelitten hat, wurde hochmodern wieder aufgebaut: eine Retortenstadt, vernünftig, zweckmäßig; aber auch ein lebendiges Paradies für Einkaufende und Nachtschwärmer und eine Stadt, die Museen besitzt wie die weltbekannte Sammlung Boymans-van Beuningen. An das langsame Werden, die architektonische Entwicklung Rotterdams erinnert kaum etwas in dieser Großstadt, die bis ins 14./15. Jahrhundert eher eine Fischersiedlung als eine tätige Hafen- und Handelsstadt war, die erst nach dem Niedergang der flämischen Hafenstädte, voran Antwerpens, an Bedeutung gewann, und sich schließlich in jüngster Zeit in ständiger Anpassung an die Erfordernisse unseres industriellen Zeitalters zum Welthafen Nr. 1 entwickelte. Nur in Delfshaven – seit dem 19. Jahrhundert einbezogen in das Stadt- und Hafengebiet Rotterdams, 1389 aber zusammen mit

der Schie von den Delftern angelegt, um einen eigenen, unabhängigen Zugang zur Nordsee zu haben – ist zwischen den kleinen, manchmal recht schiefen Giebelhäusern noch etwas zu spüren von jener Zeit, da sich 1620 von hier aus die Pilgrim Fathers auf der »Mayflower« nach Amerika einschifften; als man im nahen *Schiedam* mit den ersten Brennereien den Grund legte zum Ruf der Stadt als holländische Geneverstadt.

Die geruhsame Fahrt entlang der Schie nach Delft, auf einer schmalen, ständig vom Wasser begleiteten Straße, vorbei an riesigen Gewächs- und winzigen Wohnhäusern, aber auch an Graureihern, die unbeweglich am Ufer stehen, ist eine einzige Einstimmung auf diese, wie mir scheint, liebenswerteste unter den holländischen Städten. *Delft* – lange Zeit eine blühende Handelsstadt und auch heute tätig und allem Neuen aufgeschlossen, wofür schon die Neubauviertel und Hochhäuser in den Außenbezirken sprechen – ist trotz allem eine Stadt der Stille, eine Stadt, die sich nach der Ermordung Wilhelm des Schweigers 1584 im Prinsenhof an der Oude Gracht gewissermaßen zurückzog von der politischen Bühne. Wohl bewahrt, vom Wasser wie mit Straßen durchzogen, liegt die Altstadt, die außer dem prachtvollen Rathaus von Hendrijk

de Keyser, den beiden Kirchen, dem spätgotischen Gemeenlandshuis van Delfland, gar nicht so viele architektonische Glanzstücke zu zeigen hat. Gerade darin scheint Delft eine eminent holländische, zutiefst demokratische Stadt zu sein. Brücken und Brückchen überqueren die Grachten. Gepflegt, mit schönen Giebeln und Portalen, Weiß neben dem vielfach abgewandelten Braunrot des Backsteins, reihen sich die Häuser. Im Frühsommer, wenn überall entlang der Grachten die Linden blühen, scheint die Stadt in einer Wolke zartsüßen Dufts zu schweben. Es liegt ein zur Muße herausforderndes Flair über dieser Stadt, die wohl nicht umsonst immer auch eine Stadt des Geistes, der Kunst und der Künstler war. Hugo Grotius und Antoni van Leeuwenhoek arbeiteten hier. Weltberühmt wurde das »Delfter Blau« der Fayencen. Jan Vermeer, einer der großen Meister der holländischen Malerei des 17. Jahrhunderts, schuf seine liebevoll komponierten, in ihrer subtilen Farbigkeit begeisternden Bilder, darunter die wohl schönste Ansicht der Stadt Delft, die je entstand.

Zwischen Lek und Amsterdam

Seit wir auf dem Grevelingendam hinüber zur einstigen Doppelinsel Goerre-Overflakkee fuhren, sind wir in der südlichen der beiden Provinzen, die räumlich in etwa der alten Grafschaft Holland entsprechen. Sie ist das eigentliche Kernland der heutigen Niederlande, das vor allem seit den Jahren, da sich die Grafen Wilhelm von Oranien, Egmont und Hoorn an die Spitze des Aufstandes gegen die Spanier setzten, politisch so bestimmend war, noch heute auch wirtschaftlich so beherrschend ist, daß »Holland« – zum Leidwesen der übrigen neun niederländischen Provinzen – für viele zum Synonym der gesamten Niederlande wurde.

's-Gravenhage (Den Haag), schon im Mittelalter Sitz der Grafen von Holland, seit dem 16. Jahrhundert der Generalstaaten, ist noch heute niederländischer Regierungssitz und die offizielle Residenz der königlichen Familie, auch wenn diese sich überwiegend in ihrem Schloß in Soestdijk aufgehalten hat. Seit sich Willem II. – als Wilhelm von Holland 1247 bis 1256 deutscher König – im Jahre 1248 hier im »Haghe«, einem seit jeher beliebten Jagdrevier der Grafen von Holland, das Jagdschlößchen seines Vaters ausbaute, ist das Geviert des sogenannten Binnenhofs gewissermaßen das Herzstück der Niederlande, ausgezeichnet durch das Kontinuum der Geschichte. Schon Wilhelms Sohn Floris V. ließ den Ridderzaal bauen, dieses strenge, frühgotische Gebäude mit seinen beiden Türmen und dem großartigen, von einem offenen Dachstuhl überspannten Inneren, das noch heute allen bedeutenden Versammlungen und Empfängen des niederländischen Staates dient, auch der feierlichen Eröffnung des Parlamentsjahres am Prinsjesdag im September, zu der die Königin in goldener, von acht Rappen gezogener Kutsche vorfährt. Eigentlich sollte man auf Den Haag aus der Luft hinunterschauen können, um zu sehen, wie sich das Häusermeer, unterbrochen von pfleglich behandeltem Grün, um diesen ältesten Kern, um Binnenhof und Hofvijver, anordnet: die »Jahresringe« des 16. bis 19. Jahrhunderts, des Jugendstils, der letzten Jahrzehnte. Dabei scheint 's-Gravenhage, das nie wie andere holländische Städte von Grachten durchzogen und ummauert war – inzwischen

eine Großstadt und nach Amsterdam und Rotterdam die größte Stadt der Niederlande – noch immer etwas von jenem »elegantesten und größten Dorf Europas« an sich zu haben, als das es schon den Reisenden des 16. Jahrhunderts erschien. Geruhsamer, gelassener als in anderen Städten dieser Größe verläuft das Leben in dieser Stadt der Beamten, in der Minister und Diplomaten, die hohen und höchsten Richter des Internationalen Gerichtshofs der Vereinten Nationen so selbstverständlich sind, wie der weltoffene und der Kunst zugetane Geist, der einst Descartes und Spinoza anzog und der der Stadt Museen schenkte, wie die Sammlungen Meermanno Westreenianum, Bredius und Mesdag, wie die Königliche Gemäldegalerie im Mauritshuis, die in intimstem Rahmen einen hinreißenden Querschnitt altholländischer Meister präsentiert. Weithin sind die Häuser hier geprägt von zurückhaltender Noblesse. Selbst das Schlößchen Huis ten Bosch, das Frederik Hendrik von Oranien von Pieter Post für seine Gemahlin Amalie von Solms errichten ließ, entfaltet allein im Festsaal die ganze Prachtliebe »Moy Heintgiens«, des »schönen Heinrich«, wie ihn die Den Haager liebevoll nannten.

Fährt man Richtung *Scheveningen,* dem zum holländischen Luxusbadeort aufgestiegenen einstigen Fischerdorf, das älter ist als Den Haag, so kann es draußen am Stadtrand durchaus passieren, daß an einem der kleinen Kanäle zwischen Hochhäusern und Autoverkehr neben den Anglern, die da sitzen und kaum ein paar Meter von ihnen entfernt, auch ein Graureiher aufmerksam ins Wasser schaut. Es ist ja das Eigenartige dieses Ballungsgebietes zwischen Den Haag – Rotterdam – Dordrecht im Süden und Haarlem – Amsterdam – Utrecht im Norden, diesem als »Randstad« bekannt gewordenen niederländischen Siedlungszentrum, das in einem ausholenden Bogen das Flußgebiet des Oude Rijn umgreift und in dem sich zur Zeit auf rund zehn Prozent der Landesfläche über vierzig Prozent der Bevölkerung und fast sechzig Prozent des Wirtschaftspotentials konzentriert, daß hier überall dort, wo im Ineinandergreifen der Städte noch Lücken bleiben, alles sofort ländlich wird: mit weidenden Kühen und Schafen, mit Pferdekoppeln

64 *Den Haag, Oraniensaal in Schloß Huis ten Bosch*
Amalie von Solms ließ in Erinnerung an ihren Gatten Prinz Frederik Hendrik den zweigeschossigen Festsaal ihres Schlößchens Huis ten Bosch besonders prächtig ausstatten. Maler wie Jacob Jordaens waren hier tätig, schufen einen Raum, der heute den Antrittsbesuchen der Botschafter bei der Königin einen feierlichen Rahmen gibt.

65 *Keukenhof bei Lisse*
Zur Frühlingszeit entfaltet sich in diesem weitläufigen, vielbesuchten Park mit seinen Teichen, den alten Bäumen und gepflegten Rasenflächen der ganze vielfältige Zauber der Hyazinthen-, Narzissen- und Tulpenblüte.

66 Blumenfelder bei Hillegom
Entlang der sogenannten »Bollenstreek«
zwischen Sassenheim und Hillegom blühen im
Frühjahr felderweit Hyazinthen, Narzissen,
Tulpen. Seit im 16. Jahrhundert die ersten
Tulpenzwiebeln aus Persien nach Europa
kamen, vor allem aber nachdem im 17. Jahr-
hundert ein wahres Tulpenfieber ausbrach und
man ganze Vermögen in einige Dutzend
Tulpenzwiebeln investierte, züchtet man hier
Tulpen, erzeugt man Blumenzwiebeln, die
heute in die halbe Welt verschickt werden.

und kleinen Baumgruppen zwischen all dem Grün und den allgegenwärtigen Wasserflächen.

Von Scheveningen aus fahren wir nach Nordosten durch den Villenort Wassenaar Richtung Leiden. Bevor man sich aber der traditionsreichen Universitätsstadt widmet, mag man im Sommer Abstecher in die kleinen, liebenswerten Badeorte Katwijk oder Noordwijk aan Zee machen. Im Frühling aber wird man der so sorgsam ausgeschilderten »Bollenstreek« bis hinauf nach Hillegom folgen, auch da und dort in eine der schmalen Seitenstraßen hineinfahren. Rings um die Hauptblumenzuchtorte Sassenheim, Lisse, Hillegom liegt Blumenfeld neben Blumenfeld. In der Vielfalt der Farben und Formen, die die Holländer ihren Tulpen anzuzüchten verstanden, scheint noch etwas zu leben von der »Tulpenmanie« des 17. Jahrhunderts, als man an allen Fürstenhöfen Europas – und nicht nur dort – Unsummen für seltene Spielarten der neuen Modeblume bezahlte. Blaßgelb oder kaum rosa, noch mehr grün als farbig, auch in hellem Rot und lichtem Gelb mit grünlichem Anhauch präsentieren sich die Reihen der späten Sorten. Voll erblüht steht strahlendes Gelb in allen Schattierungen neben Orangegeflammt und neben Rot, von zartem Altrosa und feurigem Zinnober bis zu mattem Violettschwarz. Dazwischen die weißen und lichtblauen Reihen der Hyazinthen, das nickende Blütenmeer der Narzissen. Farben, endlos und in der Sonne glühend, bis zum Saum der Dünen, die graugrün, in fahlem Ocker und Braun, noch ganz winterlich sind. Das Bild ändert sich rasch. Kaum ist ein Feld voll aufgeblüht, kommen die Gärtner mit ihren Körben, werden die Blüten geköpft, um alle Kraft der Pflanzen den Zuchtzwiebeln zukommen zu lassen. Ist doch auf den Feldern die ganze Blütenpracht nur Mittel zum Zweck. Das Ergebnis züchterischen Ehrgeizes in schönstem, gärtnerisch gestaltetem Ambiente aber erlebt man dann im *Keukenhof* bei Lisse, diesem 28 Hektar großen Park mit seinen Wasserarmen unter dem weitausladenden Geäst jahrhundertealter Buchen, den während der Frühjahrsblüte ganze Völkerwanderungen mit Bus und Auto angereister Touristen aus Holland und halb Europa durchwandern.

Dann *Leiden* an den Ufern von Oude und Nieuwe Rijn, vom Wasser umgeben, von den Wasserstraßen der Grachten so sehr durchzogen, daß Joseph Justus Scaliger, Franzose italienischer Abstammung und einer der größten Gelehrten seiner Zeit, der Leiden nach 1593 zum Zentrum der philologischen Wissenschaften machte, einmal mit spitzer Zunge vermerkte, es sei ein »nasser Schwamm inmitten eines Schwammes«. Doch war Leiden – erst nach 1575 vor allem durch seine Universität berühmt geworden – zunächst eine Stadt der Wollwirker und Textilweber. Da war es von Vorteil, daß die Schiffe bis in die letzten Winkel gelangen konnten. Die entscheidende, die Stadt noch heute prägende Phase in der Geschichte Leidens begann, als Wilhelm der Schweiger nach der siegreich überstandenen Belagerung durch die Spanier, hier die erste Universität der nördlichen Niederlande gründete. Sie entwickelte sich rasch zu einer geistigen Hochburg des Freiheitskampfes, zu einer der bedeutendsten, bald auch naturwissenschaftlichen Fächern Raum gebenden Bildungsstätte der damaligen Zeit. Angezogen durch die Toleranz, durch die völlige Gedankenfreiheit ließen sich hervorragende Gelehrte nieder, strömten Studenten aus der halben Welt nach Leiden, kamen Buchdrucker, Maler, kamen auch Wallonen, Hugenotten, Pilgerväter. So nimmt es nicht Wunder, daß Leiden mehr als jede andere Stadt der Niederlande vom Geist des späten 16., des 17. Jahrhunderts geprägt ist: Leiden ist zunächst und vor allem eine Stadt der Renaissance, einer kühlen, eher zurückhaltenden, vom Geist des Calvinismus bestimmten Renaissance, in dem schon das Rathaus des Genters Lieven de Key in seinem architektonischen Reichtum auffällt. Daneben aber scheint Leiden, voll mit jungen Leuten, auch heute noch, da sich auch hier längst rührige Industrien ansiedelten, mehr eine geistigem als kaufmännischem Leben zugewandte Stadt zu sein, in der weder die Museen, noch die alte Sternwarte, weder der berühmte Hortus Botanicus noch die Bibliotheca Thysiana als Fremdkörper empfunden werden.

Die Fahrt entlang an Oude Rijn und Gouwe nach *Gouda* führt uns durch mittelalterliches Poldergebiet, in dem noch immer Windmühlen stehen, wo in großen Obstgärten der bekannte »Boskoop« reift, wo weithin die schwarzbunte Milchkühe weiden, die Goudas Ruf als Vieh- und Butter- vor allem aber als Käsezentrum begründeten. Noch heute bringen die Bauern des Umlandes jene riesigen goldgelben Räder, die hier tatsächlich in großem Umfang auf den Bauernhöfen hergestellt werden, zum Käsemarkt. An den Donnerstagen herrscht dann vormittags zwischen 9 und 10 Uhr turbulentes Leben auf dem großen dreieckigen Platz um das zierliche Rathaus mit seinen rotweißen Fensterläden und der klassisch strengen »Waag« des Pieter Post, auf deren großem Kalksteinrelief aus dem Jahre 1668 man schon Käse wiegt. Gouda, die alte Handelsstadt, wurde aber nicht nur durch ihren Käse bekannt. Einige Jahrhunderte hindurch stellte man die berühmten irdenen Pfeifen her – das Museum De Moriaan bewahrt eine ausnehmend interessante Sammlung –, noch heute kennt man in ganz Holland die Kerzen aus Gouda und die Sirupwaffeln, die nicht nur den Kindern schmecken; weiß man, daß die zwischen 1555 und 1603 entstandenen Glasgemälde der Goudaer St. Janskerk die schönsten des Landes sind.

Südlich und westlich von Gouda dehnt sich mit der Krimpener Waard, der Lopikerwaard, der Alblasserwaard und wie die alten, schon im 14./15. Jahrhundert entstandenen Poldergebiete alle heißen mögen, das grüne Herz Hollands. Ein stilles Land mit großen, schilfgedeckten Bauernhöfen inmitten flacher, von Wassergräben und Kopfweiden gesäumter Wiesen; mit den kleinen Deichhäusern am Ufer des Lek und den vor allem südlich des Flusses noch zahlreichen Poldermühlen. Schmal, manchmal einspurig, dafür aber kaum befahren sind die Straßen hier, entlang der romantischen Vliest nach Schoonhoven, oben auf der Deichkrone dem Lek folgend, einem Rheinarm, der wenig später Nieuwe Maas und Scheur heißt und als Nieuwe Waterweg in die Nordsee mündet. Drüben am anderen Ufer – eine gemütliche Fähre bringt uns hinüber – die beiden Industriedörfer *Kinderdijk* und *Alblasserdam*, kilometerlang eigentlich nur eine schmale, dem breiten Kanal zwischen Lek und Waal (Merwede) folgende Straße. Rechts, am Wasser, die Werkstätten, Schiffswerften, Schmieden, Maschinenfabriken; links die niederen Arbeiterhäuser, die winzigen Läden, die Bierkneipen. Dahinter schon Schilf, schmale Wege zwischen sumpfbraunem Wasser, Wildenten, Haubentaucher, Möwen, auch Graureiher, das Gequake der Frösche – und Hollands bekannteste Mühlenterrasse. 19 Poldermühlen stehen hier noch eng beieinander, werden im Sommer an jedem Samstag wieder in Betrieb genommen, geben eine kleine Vorstellung davon, wie es hier einst war, als die Windmühlen überall das Land »trocken mahlten«.

Der schnellste Weg nach Utrecht wäre von Alblasserdam aus die Autobahn über Gorinchem. Schöner ist die Fahrt wieder zurück bis zu dem Silberschmiede-Städtchen Schoonhoven, nun vielleicht auf dem anderen Ufer des Lek. Dann weiter durch das Lopikerwaard nach *Oudewater*, das im 80jährigen Freiheitskampf der Niederländer fast noch härter heimgesucht wurde als all die anderen Städtchen und Dörfer ringsum. Wiederaufgebaut sieht Oudewater noch heute aus als befänden wir uns in seinen krummen, buckligen Gassen zwischen all den steilgiebeligen Häusern mitten im 17. Jahrhundert. An der Alten Waag mag man sich wie zu Zeiten der Inquisitionsgerichte, als Frauen bis aus Nürnberg und Augsburg kamen, um vom tödlichen Verdacht befreit zu werden, schriftlich bestätigen lassen, daß man viel zu schwer ist, um als Hexe auf dem Besenstiel durch die Nacht reiten zu können.

Auch Ijsselaufwärts bleibt das Land geruhsam und still. Hölzerne, grün oder weiß gestrichene Brückchen, manchmal sanft geschwungen, führen von der Straße hinüber zu Bauernhöfen und Wiesen, die wasserumgeben und weidengesäumt einander folgen. Schwarzweißes Vieh weidet, Wildenten gründeln. Über *Montfoort*, dieses noch großenteils ummauerte Städtchen, dessen Kornmühle oben auf dem Stadtwall aus dem Jahre 1753 stammt, und über De Meern kommen wir nach *Utrecht*.
Der erste Eindruck ist turbulent. Wieder einmal fragt man sich, ob die Niederländer denn ständig unterwegs sind, im

67 *Gouda, Rathaus*
Das Zentrum von Gouda wird geprägt von der St. Janskerk und dem Rathaus inmitten des weiträumigen, dreieckigen Marktplatzes, auf dem allwöchentlich der Käsemarkt stattfindet. Das Rathaus, an dem man zwei Jahre, von 1448 bis 1450 baute, ist, neben den Rathäusern von Middelburg und Veere auf Walcheren, der schönste mittelalterliche Rathausbau der Niederlande.

68 *Windmühlen bei Kinderdijk*
Nur bei Kinderdijk, am Rande des mittelalterlichen Poldergebiets Alblasserwaard, stehen noch so viele alte Windmühlen auf so engem Raum: 18 »Bovenkruier« (Mühlen mit drehbarem Oberteil) und eine Schaufelradmühle werden hier an jedem Sommersamstag wieder in Betrieb genommen und erinnern an die Zeit, in der sie das Land »trocken mahlten«.

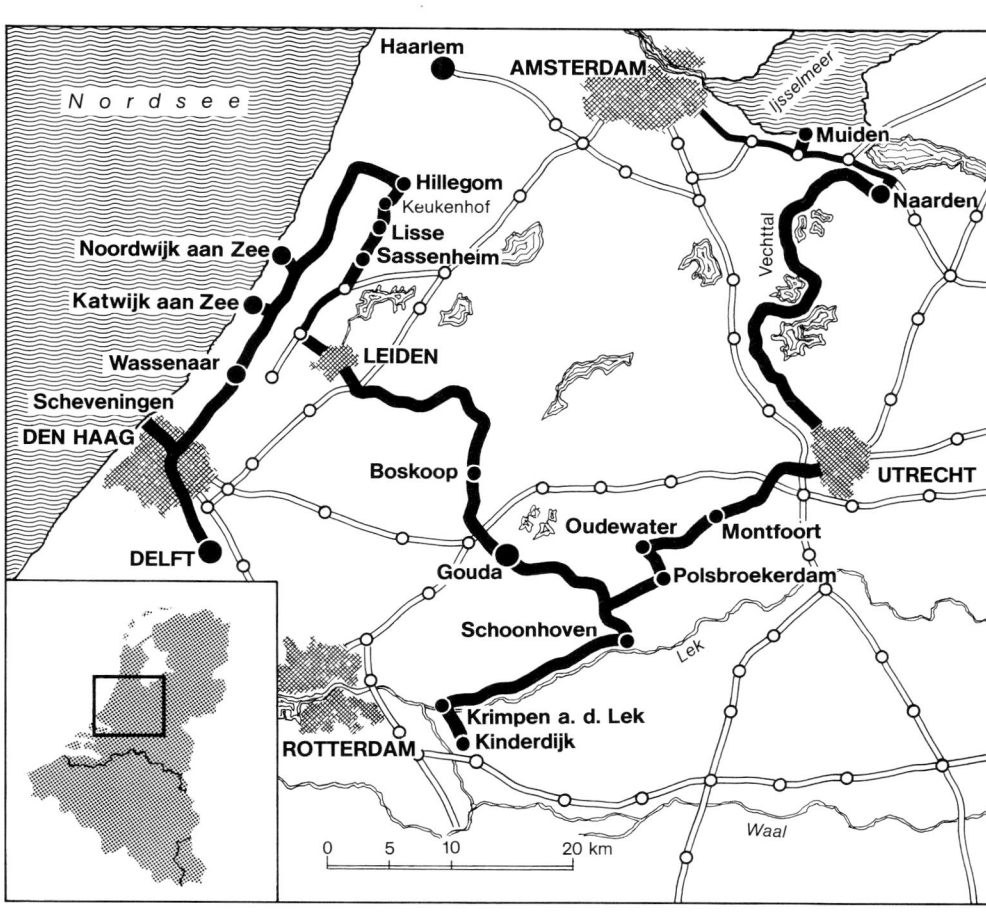

69 *Utrecht, im Domkreuzgang*
In Utrecht, einer der ältesten Städte des
Landes, gründete der hl. Willibrord schon im
ausgehenden 7. Jahrhundert ein Bistum.
Der gotische Dom, der anstelle eines Vor-
gängerbaues im 13. bis 15. Jahrhundert errich-
tet wurde, war bis zu dem verheerenden Orkan
des Jahres 1674, der nur Turm und Chor stehen
ließ, die weitaus größte Kirche des Landes.
Der besonders schöne Westflügel des Kreuz-
gangs entstand zusammen mit dem Kapitelsaal
im 15. Jahrhundert.

Auto, mit dem Fahrrad oder zu Fuß. Vierspurige Autostraßen, Wohnblocks, Hochhäuser: Vieles, selbst in den Vierteln des 19. Jahrhunderts, wirkt in dieser viertgrößten Stadt der Niederlande, dieser Handelsmetropole und »Drehscheibe Hollands« mit ihrem Eisenbahnknotenpunkt, gesichtslos, planlos und überstürzt entstanden. Dabei ist Utrecht, wo sich 1579 die sieben aufständischen Provinzen zur Utrechter Union zusammenschlossen, eine der wenigen Städte des Landes, die sehr alt sind. Schon unter den Römern entwickelte sich »Trajectum ad Rhenum«, die Furt über den Rhein, zu einem äußerst wichtigen Militärstützpunkt. Dann, im 7. Jahrhundert, war es der hl. Willibrord, der hier einen Bischofssitz errichtete, der im 10./11. hundert zum Rang eines vor allem von den römisch-deutschen Kaisern geförderten Fürstbistums aufstieg. Zu einer Zeit, da die meisten anderen niederländischen Städte erst anfingen zu existieren, erlebte Utrecht seine erste Blüte, umfaßte das »Niedere Stift« rund ein Drittel des heutigen Staatsareals bis hinauf nach Friesland, war Utrecht eine Stadt voller Kirchen, Stiftungs- und Klostergebäude. 1254 begann Bischof

Heinrich von Vianden mit dem Bau des Domes, der größten Kirche der Niederlande, bis der verheerende Sturm des Jahres 1674 das fünfschiffige Langhaus zum Einsturz brachte. Nur der Chor und der stimmungsvolle Kreuzgang des 15. Jahrhunderts blieben erhalten, dazu der 112 Meter hohe, nun freistehende charakteristische Turm. Er ist auch noch heute das Wahrzeichen der Stadt, nicht nur Mittelpunkt des kleinen Altstadtkerns um die Oude Gracht, wo man zwischen Brücken, schönen Patrizier- und schmalen, einfachen Giebelhäusern, den kleinen Bierkneipen und den bummelnden Studenten, dem tief gelegenen Wasser der Gracht und den schattenden Bäumen, im liebenswürdigem Museum »Van Speeldoos tot Pierement« (Von der Spieldose zur Straßenorgel) vergessen kann, daß auch der jüngste Versuch der Stadterneuerung »Hoog Catharijne« nur ein neues, nicht gerade menschliches Denkmal rein kommerziellen Denkens ist.

Utrechts Umgebung dagegen ist, hat man die Stadt hinter sich, wie von einem anderen Stern. Man muß der schmalen Straße am rechten Ufer der Vecht folgen, mit ihr alle Windungen des Flusses ausfahren

und sich Zeit lassen. Dann wird man hinter wucherndem Efeu und wilden Rosen, in gepflegten Gärten und Parks noch etwas lebendig finden vom Zauber des 17./18. Jahrhunderts, der Zeit, da die zu Wohlstand gekommenen Utrechter und Amsterdamer den Reiz ländlichen Wohnens entdeckten und sich hier am Wasser ihre stilvollen Landhäuser bauten, da Dorothea von Kurland 1786 schrieb »Holland ist nirgendwo schöner als an der Vecht«.

Hinter Loenen mag man der Straße folgen, die zwischen den Loosdrechter Seen hindurch nach Norden führt, diesen flachen Torfseen, die längst von den Seglern und Surfern entdeckt wurden, und noch einen Abstecher nach *Naarden* machen, der winzigen Festungsstadt des 12. Jahrhunderts, deren späte Vauban'schen Befestigungswerke erst aus der Vogelschau in ihrer ganzen strengen, sternförmigen Regelmäßigkeit sichtbar werden. Auch *Muiderslot* sollte man noch besichtigen, das Schloß, das Graf Floris V. gegen 1280 als Wasserburg mit vier runden Ecktürmen und einem quadratischen Torturm errichtete. Dann empfängt uns Amsterdam mit Hochhaussiedlungen und Bürogebäuden ohne Ende.

Amsterdam

Über Amsterdam kann man vieles hören. Es stimmt alles. Die »Weltstadt« Amsterdam, zweitgrößte Hafenstadt der Niederlande, wichtiger Industrieplatz, ist eine Großstadt mit ausufernden Vierteln gesichtsloser moderner Betonkästen. Und es ist eine Stadt, an deren Grachten sich die Giebelhäuser wie im 17./18. Jahrhundert in einer hinreißenden Folge von harmonischstem Abwechslungsreichtum reihen. Amsterdam erstickt an seinen Autos, an seinem zuweilen unerträglichen Verkehr, der die Stadt laut und voller Abgase macht. Und Amsterdam ist gleichzeitig eine Stadt voller Fahrräder und voller Stille, in der das Glockenspiel von den Türmen weithin über die Grachten hallt; wo man im Beginenhof weltenfern vom doch so nahen Trubel der Kalverstraat einem jungen Flötenspieler zuhören kann, der an die Kirchenmauer gelehnt selbstvergessen ein Solo von Vivaldi spielt. Amsterdam ist eine Stadt voll ländlich grüner Idylle, wo man an Sommersonntagen irgendwo entlangschlendernd an Singel, Heren- oder Keizers-Gracht zufrieden-fröhlichen Amsterdamern begegnet, die im Schatten der Ulmen ein paar Stühle, ein Tischchen vor die Haustür stellten und nun lesend und schwatzend beieinandersitzen mit einem kopje koffie, einem Glas Bier. Amsterdam kann schmutzig sein, mit aufgerissenem Pflaster, mit rostendem Blech, Lumpen und Abfall, nicht nur Hundekot auf dem Bürgersteig. Und Amsterdam sieht aus, wie wenn die Fassadenmaler jedes Jahr aufs Neue kämen, um die weißen Tür- und Fensterrahmen, die Giebel zu streichen; es ist bürgerfein und blankgeputzt mit dem glänzenden Messing der Türklopfer, der Namens- und Firmenschilder. Amsterdam, jahrelang magischer Anziehungspunkt der Drop-outs der halben Welt, ist verrückt und verrucht, hat ernste Probleme mit Rauschgift und Kriminalität, hat eines der auffallendsten, wohl auch florierendsten »Rote Lampen Viertel« Europas mit berüchtigt aggressiven Zuhältern und mit Mädchen, die in ihren Fenstern, wahren Schaufenstern, sitzend, recht deutlich zeigen, was sie zu bieten haben. Amsterdam kann bürgerlich sein bis zum Exzess, von calvinistischer Strenge und Selbstgerechtigkeit. Aber Amsterdam ist auch von großartiger Toleranz und Warmherzigkeit, aufgeschlossen allem Neuen, das Alte liebend,

eine Stadt der Bäume und der Blumen – welch riesige Sträuße kauft man am Singel im Anblick des Munttoren! –, der Möwen und der Enten auf dem Wasser der Grachten; eine Stadt der kleinen und großen Feste, der Musikkapellen, die plötzlich von irgendwoher aufmarschieren, und der lustig bunten, reich geschnitzten, vom »manser« mit seinem Messingbecher begleiteten Drehorgeln; eine Stadt der kleinen, gemütlichen Tante-Emma-Läden, die hier »winkeltjes« heißen, der sagenhaften »bruine cafés«, in denen selbst der Fremde rasch dazugehört. Und Amsterdam ist nicht zuletzt das kulturelle Zentrum des Landes mit weltberühmten Museen, dem großartigen Concertgebouw-Orchester, mit führenden Theater- und Ballettgruppen. Hart sind die Gegensätze und zuweilen erschreckend, vor allem, wenn man die Stadt zehn, fünfzehn Jahre nicht mehr sah und nun feststellt, wie schnell sie sich veränderte. Stärker auch als damals empfindet man Amsterdam, diese eigenartige Hauptstadt der Niederlande, die weder Sitz der Regierung noch des Herrscherhauses ist, als einen empfindlichen Organismus. Ausgeprägter als viele andere Großstädte Europas scheint Amsterdam nicht nur ein Produkt seiner manchmal so endlos geduldigen, dann wieder höchst aufsässigen, »lastigen« Menschen zu sein, sondern vor allem seiner Tradition und Geschichte.

Am Anfang stand eine Lehensburg des Bischofs von Utrecht. Daneben aber scheinen bis ins 13. Jahrhundert nur Fischer in der sumpfigen Niederung um die Mündung der Amstel in die Ij daheim gewesen zu sein. Erst um 1270 beschloß man hier, wo Ij und Zuiderzee verhältnismäßig viel offenes Wasser boten, und man über Amstel und Vecht weit ins Hinterland gelangen konnte, einen Damm anzulegen, der einen geschützten Hafenplatz entstehen ließ und als »Dam« noch heute Mittelpunkt der Stadt ist. Wenige Jahre später, 1275, wird die spätere Stadt in einer Urkunde Floris V., Graf von Holland, die den Bewohnern Zollvorteile einräumt, zum ersten Mal namentlich greifbar. Es beginnt der zunächst recht langsame, aber unaufhaltsame Aufstieg »Amsteledammes«, dieser Stadt, die noch im 15. Jahrhundert weit weniger wichtig war als viele andere

70 *Amsterdam, Drehorgel*
Die heiteren Melodien der reichgeschnitzten, bunt bemalten großen Drehorgeln, vor denen der »manser« mit dem Messingbecher klappernd seinen Obolus einfordert, gehören zur Weltstadt Amsterdam wie das Glockenspiel der Türme und die Menschen aus aller Herren Länder.

71 *Amsterdam,*
Prinsen-Gracht mit Westerkerk
Amsterdam ist keine Stadt, die von ihren öffentlichen Gebäuden oder Kirchen geprägt wird. Das Königliche Palais, das 1648 bis 1655 als Rathaus erbaut wurde, wirkt immer etwas fremdartig. Von den Kirchen sieht man fast nur die Türme, die in der Fluchtlinie der Grachten Akzente setzen. Vor allem die goldschimmernde Kaiserkrone Maximilians auf dem Turm der Westerkerk, dem Wahrzeichen der Stadt, wird häufig zur willkommenen Orientierungshilfe der Touristen auf ihrem Weg entlang der Grachten.

ZINKBUIS
RIOLERING

Amsterdam, am Singel
Vom zeitigen Frühjahr bis in den späten
Herbst kann man in Amsterdam überall Blu-
men unter freiem Himmel kaufen, am schön-
sten zu Füßen des Munttoren am Singel.

niederländische Städte und die dann 200 Jahre später, im 17. Jahrhundert, zur bedeutendsten Hafenstadt der damaligen Zeit aufgestiegen war, zu einer Handelsmetropole, die einen nicht unwesentlichen Anteil hatte an der Erschließung der Neuen Welt – New York wurde als Neu-Amsterdam gegründet.

Die Siedlung entwickelte sich zunächst Amstel aufwärts, füllt bis ins 14./15. Jahrhundert das Gebiet zwischen Singel und Oude Schans. Hier, wo der aufmerksame Beobachter inmitten eines alles überwuchernden Sex- und Pornobetriebs noch heute überall dem Gewordenen, Gewachsenen einer alten Stadt begegnet, entstand auch der erste Amsterdamer Kirchenbau, die Oude Kerk, wohl um 1300 als einschiffige Kirche errichtet, bis ins 18. Jahrhundert erweitert, verändert, restauriert, mit malerischen Holzkonstruktionen im Inneren und Glasfenstern des 16. Jahrhunderts, die zu den besten des Landes gezählt werden.

Die Umwälzungen, die im 16. Jahrhundert halb Europa so blutig erschütterten und mancher Stadt den Niedergang brachten, wirkten sich für Amsterdam vor allem positiv aus. Nicht nur, daß die Amsterdamer, wie die Niederländer überhaupt, in Luthertum und Calvinismus, die ja ohne fürstlichen Zwang in allen niederländischen Provinzen bis auf Brabant und Limburg übernommen wurden, wohl die ihrem kühlen, tätigen, zutiefst dem Kommerz verhafteten Wesen entsprechende Religion fanden. Amsterdam trat nach 1585 auch wie selbstverständlich und in mehr als einer Hinsicht das Erbe der bis dahin führenden nordischen Handelsmetropole Antwerpen an. Hatten sich schon 1576 vor allem portugiesische, aus Antwerpen vertriebene Juden in Amsterdam niedergelassen und der Stadt die Diamantenschleifereien und den Diamantenhandel gebracht, so übersiedelten nach der endgültigen Eroberung Antwerpens durch die Spanier auch zahlreiche Brabanter Handelsherren mit ihrem ganzen Wissen, ihrem Können und ihren Verbindungen nach Amsterdam. Die Sperrung der Schelde, die Entwicklung der niederländischen Seemacht und des Kolonialhandels: der Stadt an Amstel und Zuiderzee wurde damals alles zum Nutzen. Vor allem mit seinem Seeverkehr, der bei der

Lage der Stadt und ihren mit dem Meer von alters her innigst verbundenen Bewohnern schon im Mittelalter eine Rolle spielte, greift Amsterdam nun weit über die europäischen Meere hinaus. 1609 gründet man die Bank von Amsterdam, 1602 die Ostindische, 1621 die Westindische Handelscompagnie.

Der ungeahnte Aufschwung der Gewerbe, des Welthandels bringt Wohlstand, ja Reichtum in die Stadt, »Gewinn gedeiht zur Pracht, Reichtum schwillt an zur Zier«, wie es Pieter Corneliszoon Hooft, Herr auf Muiderslot, 1613 ausdrückt. So entsteht innerhalb weniger Jahrzehnte der in halbkreisförmigem Bogen den Kern der Altstadt umziehende Grachtengürtel, der Amsterdam so unverwechselbar und liebenswert macht. Es war eine aufs äußerste geplante, auf weite Sicht unternommene Stadterweiterung von – schaut man sich den Stadtplan an – mathematisch strengem, dabei fast künstlerischem Reiz: parallel verlaufend die drei großen Wasserbahnen der Grachten, der Heren-, der Keizers-, der Prinsen-Gracht, von baumbeschatteten Straßen und Hauswänden gesäumt, breit genug, daß selbst große Schiffe bis mitten in die Stadt fahren konnten; so breit, daß selbst heute noch an vielen Stellen Wohnboote und Frachtkähne ohne Beeinträchtigung der Fahrtrinne nebeneinander ankern können. Dazu sternförmig vom alten Kern ausstrahlend die Verbindungsstraßen, auch sie zum Teil, wie an der Brouwersgracht, der Leliegracht, der Leidse und Reguliers Gracht mit einem Wasserlauf zwischen den beiden Straßenhälften. Die geltenden Baugesetze waren streng. An den Hauptgrachten, wo die Grundstücke in der Regel acht Meter breit und 55 Meter tief waren, mußten 20 bis 25 Meter für den Garten freigehalten werden. Man muß nur einmal in eines dieser großartigen Patrizierhäuser kommen, vielleicht das nun allgemein zugängliche Haus van Loon, Keizers-Gracht 672 besuchen, um zu sehen, wie sehr derartige Vorschriften zum Wohnkomfort der Stadt beitrugen. Auch verbot man entlang der großen Grachten alle Handwerke, die mit Lärm oder üblem Geruch verbunden waren. Wie von selbst wurde der Grachtengürtel so zu einer vornehmen Wohngegend, während in den Radialstraßen Handwerker, Läden, Gewerbe daheim waren und so jenes eng verzahnte, lebendige Miteinander entstand, das uns heute städtebaulich manchmal so schwer erreichbar und dabei so erstrebenswert menschlich erscheint.

Es ist dieses lebendige Ineinander, das so unauflöslich zum jetzt kahl geschlagenen einstigen Judenviertel um Waterlooplein und Jodenbreestraat gehörte, wo Spinoza geboren wurde und wo nun das schöne Backsteinhaus, in dem Rembrandt von 1639 bis 1658 lebte, wie vergessen in einer seelenlosen Betonwüstenei steht. Es ist das lebendige Ineinander, das noch immer auf so besondere Weise zum Jordaan-Viertel zu Füßen der goldenen Kaiserkrone Maximilians auf dem Turm der Westerkerk gehört, jenes lebendige Ineinander, dem die Amsterdamer Altstadt selbst dort, wo sie nun manchmal etwas vergammelt wirkt, ihr sympathisches Flair verdankt. Da gibt es sie noch, die winkeltjes, in denen alles zu haben ist, auch persönliche Anteilnahme. Da sind die kleinen Läden der Trödler und verkappten Antiquitätenhändler, die »Tokos« der Chinesen, voll mit den Gerüchen und Farben des ganzen Fernen Ostens. Da findet man noch Geschäfte wie die Tee- und Kaffeespezialisten »Keijzer« an der Prinsengracht und »Wijs en Zonen« in der Warmoesstraat gleich bei der »Effectenbeurs«, oder den Gewürzladen »Jacob Hooy en Co« am Kloveniersburgwal, bei denen allein die liebevoll gepflegten Ladeneinrichtungen des 18./19. Jahrhunderts mit all den Schubläden, den farbigen Dosen, den Büchsen und Gläsern, der langsam pendelnden Waage auf dem hölzernen Ladentisch einen Besuch lohnen würden, ganz zu schweigen von den ausgefallenen Tee- und Gewürzmischungen, die hier zu erstehen sind. Amsterdam ist hier intim, menschlich und echt holländisch. Katzen sitzen genüßlich zwischen blütenweißen Gardinen und Nippes in den Fenstern. Man frönt der sprichwörtlichen »gezelligheid«, trifft sich in einem der typisch Amsterdamer »bruine cafés«, die großenteils auf eine lange, nicht selten zwei-, dreihundertjährige Tradition verweisen können und fast alle ihre eigene Atmosphäre haben, zum »elfuurtje« vormittags um elf oder zum »borreltje« nach Dienstschluß so gegen fünf. Aber natürlich ist es auch sonst nicht leer in diesen kleinen

Kneipen mit ihrer oft altmodischen, braunverräucherten Inneneinrichtung und der spiegelblanken Zapfsäule aus Messing, wo die Flaschen wohlgeordnet in Reih und Glied stehen, wo wie bei »Hoppe« am Spui der feine weiße Sand, mit dem der blankgescheuerte Fußboden bedeckt ist, unter den Sohlen knirscht und man sich in Rede und Gegenrede so schnell näher kommt. Unmengen von »pilsjes« werden hier gezapft, zahllose Genever ausgeschenkt, nur im vom Jugendstil geprägten »American« trinkt man tatsächlich vor allem Kaffee. Tradition haben auch die Likörprobierstuben – in Amsterdam wird immerhin seit dem Ende des 17. Jahrhunderts Likör destilliert –, wo man wie bei Bols an der Rozengracht, bei Wijnand Fockink am Pijlsteeg oder bei »De Drie Fleschjes« in der Gravenstraat aus randvollen Kelchgläschen funkelnd Farbiges trinkt, Purpurrotes, Smaragdgrünes, Bernsteingelbes, das »Bruidstranen« (Brauttränen), »Juffertje in't groen« (Jüngferchen im Grünen) oder »Hemdje licht op« (Hoch das Hemdchen) heißt. Nicht ganz so einfallsreich wie bei den Namen der Likör-Kreationen sind die Holländer beim Essen, das zumindest zu Hause eher deftig-kräftig ist und wie die Nationalgerichte Erwtensoep (Erbsensuppe, so dick, daß der Löffel steckt) und Hutspot – ein Eintopf, der an die spanische Belagerung Leidens erinnert und zumindest dort an jedem 3. Oktober auf dem Tisch steht – vor allem im Winter gut schmecken. Dafür ißt man in Amsterdam genauso selbstverständlich wie in Rotterdam oder Den Haag international, mit Vorliebe aber indonesisch und chinesisch. Fast an jeder Straße findet sich in Amsterdam ein chinesisch-indonesisches Restaurant und »gaan chinezen«, zum Chinesen essen gehen, ist den Amsterdamern längst zum geflügelten Wort geworden.

So gestärkt mag man sich den Amsterdamer Museen widmen, wenigstens einigen der fast 50, die die Stadt besitzt und die sich bis auf wenige alle leicht erreichbar in der Altstadt befinden. Recht Ausgefallenes, liebenswert Skurriles ist darunter, auch ein Wachsfigurenkabinett, eine Sparbüchsensammlung, ein Konditor- und ein Fächermuseum, eine Sammlung alter Bibeln, aber auch das niederländische Schiffahrtsmuseum, das Tropenmuseum, die umfangreichste Samm-

73 *Amsterdam, Montelbaanstoren*
Zum Schutz der Vorstadt zwischen Gelderse Kade und Oude Schans, in der vor allem Werkstätten und Wohnungen der Schiffszimmerleute lagen, errichteten die Amsterdamer Anfang des 16. Jahrhunderts einen neuen Befestigungsturm, den Montelbaanstoren, der rund hundert Jahre später seine reizvolle doppelte Laternenbekrönung erhielt.

74 *Amsterdam, Giebel des Hauses Oudezijds Voorburgwal 187*

75 *Amsterdam, an der Heren-Gracht*
Amsterdam wäre undenkbar ohne seine Grachten, ohne die Bäume, die sie überschatten, ohne die Häuser, die sie säumen. 7000 von ihnen stehen unter Denkmalschutz, ähneln sich und sind doch immer wieder anders, allein schon durch die Vielfalt der Giebel, die aus drei, vier Jahrhunderten stammen, die einfach sind, gotisch streng, klassizistisch kühl, aber auch von so barockem Überschwang wie bei dem Haus, das sich ein Handelsherr 1663 am Oudezijds Voorburgwal errichten ließ.

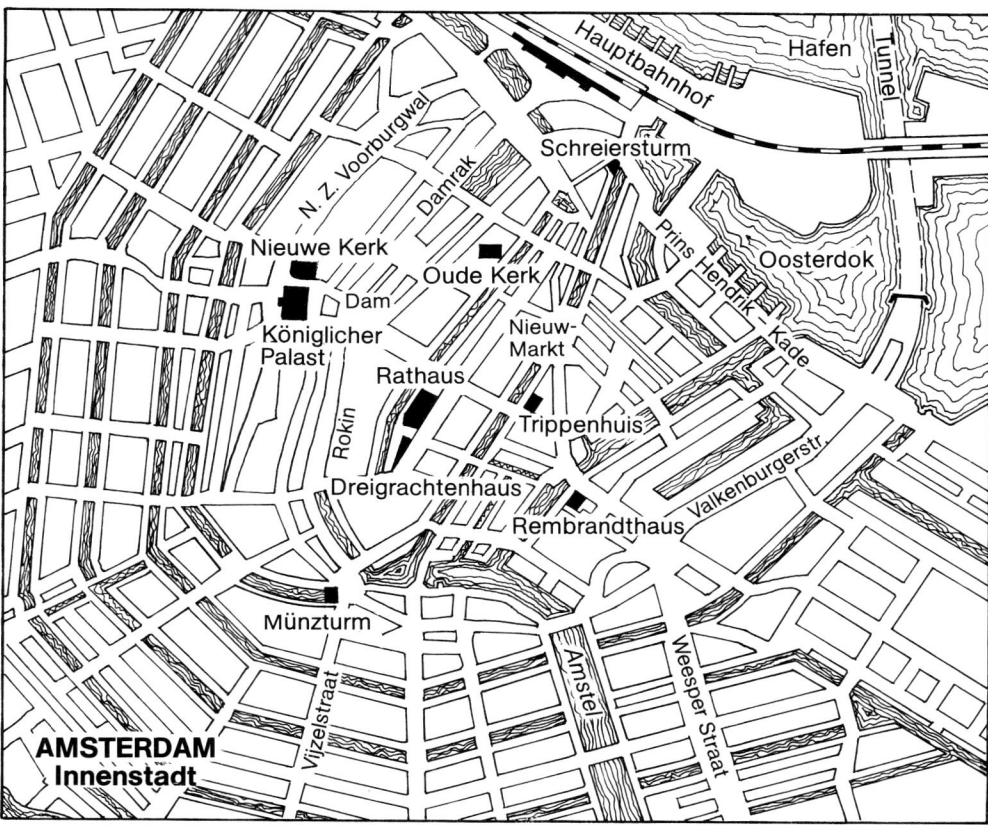

lung von Werken van Goghs und das weltbekannte, schon als Bau monumentale Reichsmuseum. Neben vielem, vielem anderem, auch einem Puppenhaus des 17. Jahrhunderts, in dem ein ganzer Haushalt der damaligen Zeit wieder lebendig wird, hat man hier die altholländische Malerei nicht nur des »Goldenen Jahrhunderts« in ungeahnter Vielfalt und höchster Qualität beisammen.

Wieder an den Grachten – denn man kann Amsterdam nicht verlassen, ohne noch einmal die Grachten entlanggegangen zu sein – fällt auf, wie unverändert noch heute gilt, was schon Ende des 19. Jahrhunderts ein Reisender schrieb: »Für das alte Amsterdam ist charakteristisch, daß mit Ausnahme der Thürme und des einzigen Schlosses nur die Privatarchitektur wirkt. Man hat keine Sehnsucht die Kirchen zu besuchen, obgleich sie allerlei Gutes enthalten und außerdem ist an alten Monumentalbauten eigentlich kaum etwas da, das Eindruck macht. Grachten mit Häusern und Bäumen und Bäumen und Häusern, ein Thurm als Abschluß des Stadtprospects. Man hat immer das Gefühl, die Thürme stünden ganz allein, es wäre gar keine Kirche dahinter, sie sehen nur wie eine Decoration aus.« Doch wie begeisternd ist diese im Profanen gipfelnde Baukunst entlang der

Grachten, diese Häuser, von denen 7000 unter Denkmalschutz stehen, so holländisch mit ihrer schmalen Front, dem ständig wechselnden Farbton des Backsteins zwischen dem Weiß der Tür- und Fensterrahmen, den Treppen, die – öffnet sich eine Tür – steil wie eine Hühnerleiter nach oben führen, gerade breit genug für eine Person und mit starkfarbigem, kräftig gemustertem dickem Teppich belegt; diese Häuser, die alle einen Aufzugshaken im Giebel der leicht nach vorne geneigten Fassade haben und nicht selten eines jener phantasiereichen, steinernen, farbig gefaßten Hauszeichen. Wie begeisternd ist der Reichtum dieser Giebel: Variationen aus drei, vier Jahrhunderten, vom einfachen, holzverschalten Schnabelgiebel, den spätgotischen Treppengiebeln, den eleganten Hals- und Glockengiebeln des 17./18. Jahrhunderts, bis zu den kühleren, immer flacher werdenden klassizistischen Abschlußformen.

Amsterdams Altstadt, das sind diese Häuser und Giebel, die zahllosen Bogenbrücken und -brückchen über dem Wasser der baumgesäumten Grachten, die umso liebenswerter erscheinen, je mehr man sich der Gefahr bewußt ist, in der auch diese Altstadt schwebt, die nicht nur wie die Innenstädte aller alten Großstädte an wirtschaftlichen Zwängen zu-

grunde zu gehen droht, sondern auch durch die natürlichen Gegebenheiten Amsterdams, das auf tausenden und abertausenden in Schlick und Sand gerammten Holzpfählen errichtet wurde und dessen Grachten – längst nicht mehr von den Gezeiten der Nordsee auf natürliche Weise durchspült und gereinigt – nur durch ein diffizil ausgeklügeltes System der Wasserumwälzung und -regulierung vor dem Kollaps bewahrt werden können. Selbst hier inmitten einer Großstadt von rund 870000 Einwohnern begegnet uns der niederländische Kampf, aber auch die niederländische Vertrautheit mit dem Wasser. Auch das niederländische Gefühl für die Eigenverantwortung des Einzelnen, und sei es nur in der Tatsache der ungeschützten Grachtenufer. Denn auf der Wasserseite stehen nicht wie an der Bürgersteigseite die »Amsterdammertjes«, jene das Parken verhindernden braungestrichenen Eisenpfähle mit dem Wappen der Stadt. Es fehlen die Abweisplanken, die dekorativ durchhängenden Ketten, die deutschem Ordnungssinn an dieser Stelle so unumgänglich erscheinen würden. Die Amsterdamer haben statt dessen Unterrichtskurse, in denen man – natürlich gegen Geld – lernen kann, wie man sein ins Wasser gestürztes Auto lebend verläßt. Sie fahren gut dabei.

Durch Nordholland

Route 13
300 km
Amsterdam – Cornwerd

Das ganze Mittelalter hindurch bestand Nordholland bis auf den Dünengürtel des Kennemerlandes und das Drechterland zwischen Hoorn, Enkhuizen und Medemblik aus Sumpfland und Inseln, vor allem aber aus Wasser. Auch hier, wo sich nach der verheerenden Sturmflut des Jahres 1287 die riesige Nordseebucht der Zuiderzee öffnete – heute nach der Abdämmung Ijsselmeer genannt –, die Amsterdam den ungehinderten Zugang zum Meer brachte, konnte man sich an die Worte des römischen Schriftstellers Plinius d. Ä. erinnert fühlen, der in seiner »Naturalis Historia« schrieb: »In diesem Land dringt der Ozean mit zwei Zwischenpausen des Tags und des Nachts in ungeheurer Breite und mit unermeßlichen Wellen in das Land ein, so daß man bei diesem ewigen Widerstreit im Gange der Natur zweifelt, ob der Boden der Erde oder vielmehr dem Meer angehört.« Erst im ersten Drittel des 17. Jahrhunderts, als es nach Erfindung der drehbaren Haube für die Windmühlen möglich geworden war den Wind auszunutzen, gleichgültig woher er auch kam, begann man weite Gebiete einzudeichen und das meist drei Meter tiefe Wasser auszupumpen. Damals entstanden die großen Poldergebiete nördlich von Amsterdam, wie Beemster, Wormer, Purmer und Schermer mit ihren hervorragenden Weidegründen, die eine noch heute blühende hochstehende Viehzucht ermöglichten, die Grundlage einer nahezu weltbekannten Käseproduktion. Mitte des 19. Jahrhunderts folgten, nun mit Hilfe der Dampfkraft, die Trockenlegungen des Wijkermeers, von Het Binnen Ij und schließlich auch der 18 500 Hektar großen Fläche des Haarlemmermeers. Nur kleine Seen und Kanäle, zahllose Entwässerungskanäle, zwei große Schiffahrtskanäle blieben von all dem Wasser in dem aufs äußerste genutzten, fruchtbaren Land zurück. Weizen wächst nun, wo einst Wasser war, Baumschulen und Blumenzuchtbetriebe haben sich angesiedelt. *Aalsmeer* entwickelte sich zum größten Blumenumschlagplatz der Welt, wo an einem einzigen Tag rund fünf Millionen Schnittblumen sortiert, verkauft und in alle Himmelsrichtungen verschickt werden. Dort aber, wo sich einst bei scheepshel (= Schiffshölle) eine der bei Fischern und Seefahrern gefürchtetsten Stellen des Haarlemmermeers befand,

wo 1573 auch die erste große Seeschlacht des 80jährigen Kampfes zwischen Spaniern und Niederländern stattfand, liegt nun, vier Meter unter dem Meeresspiegel, Schiphol, einer der großen internationalen Flughäfen Europas.

Von Amsterdam nach *Haarlem,* der einst am Ufer des Haarlemmermeers gelegenen Hauptstadt der Provinz Nordholland, ist es nicht weit. Kaum 20 km fährt man auf autobahnähnlich ausgebauter Straße nach Westen. Die Zeit, in der man die Stadt allmählich in der Ebene auftauchen sah wie auf dem Gemälde Jacob van Ruisdaels im Den Haager Mauritshuis – weit ausgebreitet das baumreiche Land, in der Ferne die Monumentalität der Kirche St. Bavo – ist allerdings längst vorbei. Haarlem ist heute der betriebsame nordwestliche Eckpfeiler der »Randstad Holland« mit all den damit verbundenen Vor- und Nachteilen. Nur der Himmel kann so hoch, so dramatisch bewegt sein wie damals, als Ruisdael, einer der vielen Maler, die Haarlems Ruf als Stadt der Kunst und der Künstler begründeten, in Haarlem geboren, wohl auch in Haarlem gestorben, dieser Landschaftsdramatiker, -idylliker, -romantiker, seine schwermütig-poetischen Bilder schuf. So bedeutend Ruisdael als Landschaftsmaler ist, so großartig ist Frans Hals – zwar nicht in Haarlem geboren, aber als Elfjähriger dorthin gekommen und dann sein ganzes langes Leben in dieser Stadt verbringend – in seiner zupackenden Kraft und eminenten malerischen Sicherheit als Porträtist. Wenn es in Haarlem nichts anderes zu sehen gäbe als die acht großen Korporationsbilder, die zwischen 1616 und 1664 entstanden und nun im Frans-Hals-Museum im ehemaligen Altmänner-Spital am Groot Heiligland vereinigt sind: jede Anfahrt würde sich lohnen.
Haarlem ist aber auch als Stadt besuchenswert. Es ist eine alte Stadt, schon im 12. Jahrhundert befestigt und damals Sitz der Grafen von Holland. Im 17. Jahrhundert reich geworden durch den Absatz der hier in hoher Qualität erzeugten Leinwand, vor allem aber durch den noch heute wichtigen Handel mit Tulpenzwiebeln und damals mächtig genug, um im ständigen Wettstreit mit Amsterdam jenseits des Atlantik neben Nieuw-Amsterdam Nieuw-Harlem zu gründen, das heute zum Ghetto der Farbigen

77 Haarlem, »Cloveniersschützen«
von Frans Hals
Das Haarlemer Frans-Hals-Museum besitzt einige der wichtigsten Werke aus dem reichen Schaffen des um 1580 geborenen, 1666 gestorbenen Frans Hals, der nahezu sein ganzes Leben in Haarlem verbrachte. Der Ausschnitt mit dem Fahnenjunker und dem Offizier aus dem Gruppenbildnis der Cloveniersschützen (1633) zeigt den Maler auf einem Höhepunkt seiner ganz der Darstellung des Menschen gewidmeten Arbeit.

78 Zaanse Schans
Inmitten des »Zaanlandes«, diesem ältesten Industrie-Bezirk der Niederlande nordwestlich von Amsterdam, entstand seit 1948 an der Zaanse Schans die authentische Rekonstruktion einer Zaanländer Ortschaft des 17./18. Jahrhunderts. Die typischen, hier wiederaufgebauten Häuser sind alle bewohnt, die Mühlen arbeiten.

79 Auf Marken
An Werktagen außerhalb der Saison ist es selbst auf Marken, dieser längst dem Tourismus geopferten einstigen Fischerinsel, noch geruhsam und arbeitsam zugleich.

herabgesunkene Stadtviertel New Yorks. Vieles im engverzahnten Straßennetz der Haarlemer Innenstadt, entlang der Spaarne, der Bakenesser Gracht, der Nieuwe Gracht, stammt aus dieser wirtschaftlichen Blütezeit. Die großartigsten Gebäude aber umstehen den Grote Markt, diesen weiträumigen Platz, der im Volksmund noch immer wie im Mittelalter, als er der sandige Turnierplatz der Grafen und ihrer Gäste war, »Het Zand« heißt: das Rathaus, die Fleischhalle des aus Gent stammenden Haarlemer Stadtbaumeisters Lieven de Key, die spätgotische St. Bavokerk. Die dreischiffige, über kreuzförmigem Grundriß errichtete, nur vom dachreiterartigen Vierungsturm bekrönte Basilika mit hölzernen Sternrippengewölben in Chor und Langhaus, ist eine der größten Kirchen des Landes. Lieven de Key ist hier begraben, Frans Hals, Adriaen van Ostade, der den Holländern die schönsten Bilder bäuerlichen Lebens schenkte. In hohem Ruf steht die großartige Barockorgel mit ihren 5000 Pfeifen, den 68 Registern und drei Manualen, auf der der neunjährige Mozart musizierte, deren Wohlklang Georg Friedrich Händel rühmte. Geruhsam sollte man dann noch ein Weilchen auf diesem Marktplatz vor einem der Cafés oder Restaurants sitzen, vor sich die wuchtige Kirche, die zierliche Fleischhalle, das lebhafte Treiben.

Später wird man feststellen, wie schön Haarlems Umgebung ist. Im Süden beginnen die Blumenfelder. Im Westen liegt *Zandvoort,* der Badeort mit dem breiten Sandstrand, dem Delphinarium, dem »Circuit«, einem international bekannten Rennkurs und Austragungsort von Grand-Prix-Rennen. Im Norden ist es nicht weit nach *Bloemendaal,* der Gartenstadt am Fuß jener Dünenkette, die als »Nationaal Park De Kennemerduinen« unter Naturschutz steht. *Ijmuiden* ist eine Industrie- und Hafenstadt, der größte Fischereihafen des Landes. Wer nicht zusehen will, wie hier die Hochseeschiffe auf der Fahrt von und nach Amsterdam mit Hilfe von drei Seeschleusen, darunter eine der größten, die bisher gebaut wurden, die Höhendifferenz zwischen Nordsee und Noordzeekanaal überwinden, wird mit der Autobahn Haarlem – Heiloo den Kanal im Velser Tunnel unterqueren. In Krommenie-

dijk bleiben wir allerdings nicht auf dieser nach Norden führenden Straße, sondern biegen noch einmal Richtung Amsterdam ab, um das »Zaanland« kennenzulernen, eines der ältesten »Industrie-Gebiete« der Niederlande. Seit es Ende des 16. Jahrhunderts durch die Erfindung Cornelis Cornelisz. möglich geworden war, die Energie der Windmühlen auch für alle möglichen Arbeiten einzusetzen, gewann dieses Gebiet im Nordwesten Amsterdams entlang der Wasserstraße der Zaan zunehmend an Bedeutung. Die seit dem 17. Jahrhundert üblichen Paltrok-Mühlen ermöglichten schließlich jenen ungeahnten wirtschaftlichen Aufstieg, der dazu führte, daß im ausgehenden 18. Jahrhundert nahezu 700 dieser Mühlen an den Ufern der Zaan arbeiteten. Sie schälten Reis, preßten Öl, zerrieben Farbhölzer und Kakao, sägten Holz in immer größeren Mengen, ganze Baumstämme in einem Arbeitsgang. Weithin berühmt war das hier erzeugte Velinpapier, der Holzhandel blühte, die Zaaner Schiffsbauwerften gewannen so sehr an Ansehen, daß sich Zar Peter der Große 1697 inkognito mehrere Monate hier aufhielt, um arbeitend zu lernen. Die Frauen der Müller gingen mit Trachten zur Kirche, zu denen reichster, brillantbesetzter Goldschmuck gehörte. Auch heute reiht sich vom Amsterdamer Hafenbezirk bis zur Krommenie in diesem dicht besiedelten Gebiet Industriebetrieb an Industriebetrieb. Überraschenderweise aber findet man die typischen alten Zaanländer Häuser noch, diese pittoresken, in einem bläulichen Grün gestrichenen Holzhäuser mit dem klaren Weiß der Tür- und Fensterrahmen und den schönen Hals- und Glockengiebeln. Am bequemsten ist es zur *Zaanse Schans* zu fahren, wo seit 1948 in einer kleinen, normal bewohnten Siedlung an anderen Stellen abgebrochene Zaanländer Holzbauten originalgetreu wieder errichtet wurden. Wohlerhalten ist der erste, aus dem späten 19. Jahrhundert stammende Laden Albert Heijns, von dem aus die in den ganzen Niederlanden vertretene Ladenkette ihren Ausgang nahm. Ein Uhrenmuseum wurde eingerichtet. Einige der alten Mühlen sind in Betrieb, darunter die Gewürzmühle De Huisman von 1786, in der man einen vorzüglichen, in der Mühle hergestellten Senf kaufen kann. Das Ufer des Ijsselmeers ist unser nächstes Ziel. Edam liegt dort, Volendam, Monnikendam. Mit dem Schiff oder über einen Straßendamm fährt man hinüber zur einstigen Insel Marken. Vor allem die »Trachtenorte« *Volendam* und *Marken*, die zwei ehemaligen Fischerdörfer, die zum Soll, ja Muß aller organisierten Hollandreisen gehören, sind zumindest an Sommertagen, zumal an Sommer-Sonntagen, kein reines Vergnügen mit ihrem alles überflutenden Souvenirkitsch, den Touristenschwärmen und einer Bevölkerung, die sich entweder schamhaft versteckt oder, von Kopf bis Fuß auf Kommerz eingestellt, ein florierendes Geschäft macht aus dem Tragen von Flügelhauben, auffallenden Miedern, schwarzen Pluderhosen und Holzschuhen. Man muß außerhalb der Saison kommen oder ganz früh am Morgen, dann läßt sich manch Ärgerliches vergessen.

Reizvoller ist *Monnikendam*, ein Ort, in dem alles bis auf die spätgotische Kirche klein ist und altholländisch beschaulich: die Gassen mit ihren Backsteinhäusern, die Waage, der Speeltoren mit seinem lustigen Glockenspiel im hölzernen Oberbau. *Edam* schließlich ist fast ein Freilichtmuseum mit seinen vielen weißen Zugbrücken und den kleinen Giebelhäusern aus dem 17./18. Jahrhundert, mit seiner eindrucksvollen gotischen Kirche, dem Rathaus, der Käsewaage von 1592, dem schief stehenden Speeltoren mit dem ältesten Glockenspiel des Landes. Aber Edam ist auch höchst lebendig zwischen all der Gotik, der Renaissance und dem Barock. Gärten voller Blumen liegen hinter den Häusern, Schiffe fahren auf den Grachten, rote Käsekugeln türmen sich in den Läden, vor den Geschäften, zu ganzen Pyramiden. Bis Kwadijk fahren wir zurück auf der Straße über die wir kamen. Am Straßenrand, an den Einfahrten zu den einzeln gelegenen baumumstandenen Gehöften stehen die Schilder »Kaasboerderij«. Da wird dann der »Edamer Käse«, goldgelb im Schutz seiner leuchtendroten Wachsschicht, noch auf die alte Art hergestellt, und es ist ein Vergnügen zu probieren und zu kaufen.

Ein Vergnügen ist es auch durch den Beemster und den Schermer Polder zu fahren. Wenig benutzte, enge Straßen führen durch diese Landschaft voller Stille, mit den schmalen Wassergräben, in denen sich Himmel und Wolken spiegeln, mit windzerzausten Pappelreihen. Auf den wie es scheint hier so besonders grünen Wiesen weiden Kühe, schwarz-weiß, manchmal auch so wollig hell wie auf den Bildern des aus Enkhuizen stammenden Malers Paulus Potter. Noch gibt es einige der Mühlen, die einst das Land trocken hielten, noch stehen einige der großen, im 17. Jahrhundert erbauten Bauernhöfe, die mit ihren Giebeln an die Amsterdamer Grachtenhäuser erinnern, noch sind die Dörfer – De Rijp, Graft, Grootschermer – in diesem »Lustgarten Hollands«, wie man 1640 den trockengelegten Beemster nannte, voller hübscher kleiner Häuser, grüne verbretterte, weiß eingefaßte Giebel über rotem Backsteinmauerwerk.

Alcmaria victrix (*Alkmaar* die Siegreiche), die Stadt, die schon im 9. Jahrhundert gegründet wurde, die 1254 Stadtrechte erhielt und deren Widerstand 1573 den ersten Sieg der Nordprovinzen über die Spanier ermöglichte, empfängt uns, zumindest an den sommerlichen Freitagen, mit viel Trubel. Da scheint sich alles in dieser idyllischen, von Grachten durchzogenen und noch immer irgendwie ländlich-gemütlichen Stadt um den Marktplatz und die 1582 erbaute Waag zu konzentrieren, vor der mit viel Hin und Her der Käsemarkt abgehalten wird. Ein Schauspiel, das heute – wie mir scheint – vor allem den Touristen zuliebe in der traditionellen farbig-fröhlichen Weise stattfindet.

Von Alkmaar aus sollte man wieder einmal an die Küste fahren, nach *Bergen aan Zee* vielleicht mit seinem Meeresaquarium, nach Camperduin oder auch hinauf bis nach St. Martenszee und Callantsoog. Hier, wo die Küste allmählich ursprünglicher wird, wo die Parkplätze – wenn es welche gibt – gebührenfrei sind und der Strand, zumindest außerhalb der Saison, noch menschenleer sein kann, liegt das 550 Hektar große Naturschutzgebiet »*Zwanenwater*«. Orchideen wachsen um diesen Dünensee. Nachtigallen sind daheim, Austernfischer, Strandläufer und Fischreiher, die verschiedensten Seeschwalben, Möwen und Enten, aber auch Brandgänse, Säbelschnäbler und die größte Kolonie des Löffelreihers in Europa. Südlicher, zwischen Camperduin und Bergen liegt Hollands schönste Dünenlandschaft, fast ein »Gebirge à la Niederlande« mit schönem altem Laub-

81 *Im Poldergebiet südwestlich von Hoorn*
»Gott erschuf Himmel und Wasser, wir selbst die Erde« heißt es selbstbewußt und nicht zu unrecht bei den Holländern. Die Wipp- oder Schaufelradmühle ist die älteste, aus dem 15. Jahrhundert stammende Form der Wasser- oder Poldermühlen, mit deren Hilfe man das unter dem Meeresspiegel gelegene, eingedeichte (= eingepolderte) Land trocken mahlte. In der »Mühlensprache« bedeutet die Stellung der Flügel bei der Wippmühle auf unserem Bild: kein Wind.

82 *Im Hafen von Enkhuizen*
Wie zur Blütezeit der Stadt im 16./17. Jahrhundert bewacht der »Dromedaris«, Stadttor und Wahrzeichen, den nun recht einsam gewordenen Hafen von Enkhuizen, in dem einmal fast 400 Heringsfangboote daheim waren.

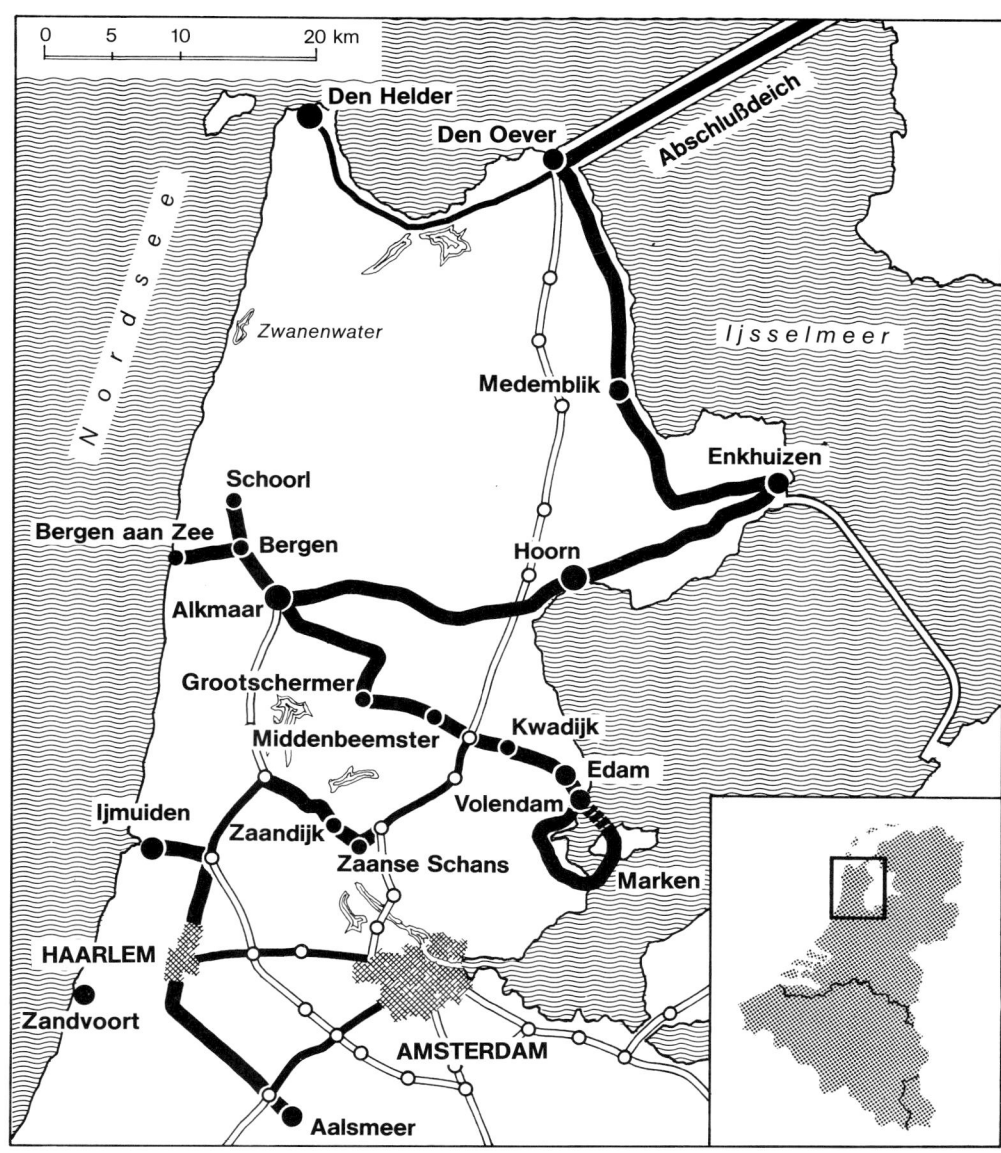

83 *Abschlußdeich*

Der 1927 bis 1932 gebaute, 30 km lange Abschlußdeich, der Nordholland mit Friesland verbindet und außer einem Fahrradweg auch die autobahnartig ausgebaute E 10 trägt, ist Teil eines großangelegten, auf die Pläne Cornelis Lelys zurückgehenden Landgewinnungsprojektes. Er machte aus der offenen Zuiderzee einen Binnensee, der nun Ijsselmeer genannt wird und in dem man ungehindert durch die Gezeiten große Poldergebiete anlegen konnte. Zwei, Noordoostpolder und Oostelijk-Flevoland sind bereits vollendet, Zuidelijk-Flevoland ist im Bau, Markerwaard in Planung.

waldbestand vor allem um *Schoorl* und mit Dünenhügeln, die 26 Meter hoch werden.

Dann wieder zurück ans Ijsselmeer. Westfriesland heißt dieses Gebiet um Hoorn, Enkhuizen und Medemblik. Eine Landschaft, in der wie südlich von Haarlem felderweit die Blumen blühen, in der die Bauernhöfe – sogenannte Stelphöfe, fast quadratisch im Grundriß und mit dem »Spiegel« im tief herabgezogenen Schilfdach, einem sorgfältig abgegrenzten Stück glänzender Ziegel über dem Wohntrakt – einsam inmitten sturmgebeugter Eichen stehen, die schönsten bei Twisk und Opperdoes westlich von Medemblik.

Leise Wehmut mag den Besuch dieser drei Städte an der einstigen Zuiderzee überschatten, dieser im 16./17. Jahrhundert blühenden Fischer- und Handelsstädte, die der Gang der Geschichte ins Abseits stellte. *Hoorn,* schon um 1300 genannt, später Hauptstadt Westfrieslands, war eine der großen Seefahrerstädte des Landes. Cornelisz Schouten wurde hier geboren, der 1616 als erster die Südspitze Feuerlands umsegelte und ihr den Namen Kap Hoorn gab; Abel Janszoon Tasman, der Neuseeland entdeckte, Tasmanien, die Tonga- und die Fidschi-Inseln; der nicht gerade zart besaitete Jan Pieterszoon Coen, dem die Stadt als Begründer des niederländischen Kolonialreiches auf dem Rode Steen ein Denkmal errichtete. *Enkhuizen,* in seiner Glanzzeit das Zentrum des Pfefferhandels der Ostindischen Compagnie, besaß auch die größte Heringsfangflotte der damaligen Zeit. Bis zu 400 Heringsfischer hatten hier ihren Heimathafen. In *Medemblik* aber soll schon im 4. Jahrhundert eine friesische Stadt bestanden haben, lange ehe Floris V., Graf von Holland, 1288 hier seine Burg errichtete. Schon im 18./19. Jahrhundert begann es still zu werden in den Hafenstädten der Zuiderzee. Der 1932 fertiggestellte Abschlußdeich, mit dem ein neuer großer Landgewinnungsprozeß eingeleitet wurde, bedrängte auch die Fischer, die erst die Stevin- oder Lorentzschleuse passieren müssen, um in die offene See zu gelangen. Für den Besucher jedoch, der nicht versäumen sollte, das Westfriesische Museum in Hoorn, das Zuiderzee-Museum in Enkhuizen zu besichtigen sind diese drei Städte mit ihrem beschaulichen Leben inmitten reichster und wohlerhaltener architektonischer Kultur von hohem Reiz. Nichts scheint sich in den schmalen Gassen mit den schönen Speicher- und Patrizierhäusern geändert zu haben. Kirchen und Stadttore, Rathäuser und Waaggebäude stehen wie damals, als ein die Meere umspannender Handelsgeist herrschte, als die Segler von Westafrika und Amerika, von China und Japan und von den Inseln des Stillen Ozeans vollbeladen zurückkamen.

Dann nach Medemblik. Burg Radbout steht leer, fast etwas überrestauriert am Ufer des Ijsselmeers, an den Friesenkönig erinnernd, der sich der Taufe durch den hl. Willibrord so standhaft widersetzte. Im Herbst, wenn die Sportsegler fort sind, ist es einsam hier. Kilometerlang, bis hinauf nach Den Oever ist nichts zu sehen als ein hoher, weiter Himmel über endlos abgezirkelten Felderflächen: neues Poldergebiet im ehemaligen Wieringermeer. Auf dem 30 km langen Abschlußdeich – rechts das Ijsselmeer, sanft, fast unbewegt, links hinter einem hohen, grünen Wall die zur Nordsee offene Waddenzee – fahren wir hinüber nach Friesland.

Durch Friesland und Groningen

Jenseits des Abschlußdeichs gilt noch immer der alte Wahlspruch »frysk en fry«, friesisch und frei, auch wenn Friesland genauso wie Groningen zu jenen sieben Provinzen gehörte, die sich 1579 in der Utrechter Union zusammenschlossen, allerdings unter dem Vorbehalt einer eigenen Gesetzgebung, einer eigenen Admiralität, eines eigenen Statthalters. Die Menschen in diesem friesischen Kernland zwischen der ehemaligen Zuiderzee und dem Lauwermeer sind gute Niederländer geworden, aber sie sind noch bessere Friesen. Ungebrochen ist der so besonders ausgeprägte Sinn für Eigenständigkeit, für Gerechtigkeit und Freiheit, der diesem hochgewachsenen, blonden, helläugigen und wortkargen Volksstamm nachgesagt wird, seit er geschichtlich greifbar ist. Als die Römer um 50 v. Chr. in dieses Land einfielen, in dieses »Land des ewigen Nebels«, wie Plinius der Ältere sagte, das ihn so schreckte, daß er sich hier in der Nähe des »Eingangs zur Hölle« glaubte, kämpften die Friesen hier schon drei-, vierhundert Jahre ihren unentwegten Kampf mit der Nordsee. Als von holländischen Grafen noch gar nicht die Rede war, hatten sie jenseits der Zuiderzee, wo nun Medemblik liegt, bereits eine Stadt errichtet, besiegten sie 689 unter ihrem sagenumwobenen König Radbod bei Dorestad die Franken, drangen sie nach Südwesten bis in die Gegend um das heutige Brügge vor. Sie galten schon damals als großartige Viehzüchter, Seefahrer und Kaufleute. Getreu ihrem alten Eid, das Land mit fünf Waffen zu verteidigen »mit dem Schwert und dem Schild, mit dem Spaten und der Feldgabel, und mit dem Speer ...«, bei »Tag und Nacht, bei Ebbe und Flut, damit alle Friesen frei seien, die geborenen und die ungeborenen, so lange der Wind weht und die Erde besteht«, errichteten sie ihre Terpen (= Warften), künstliche Hügel, auf denen Haus und Hof stand, legten sie Seedeiche an, machten sie aber auch den Legionen Cäsars zu schaffen, den Franken, den Normannen. Auch mit dem Christentum hatten sie lange nichts im Sinn. König Redbad, wie ihn die Friesen nannten, soll, als ihn der hl. Willibrord taufen wollte, das schwere steinerne Taufbecken über die Köpfe aller Anwesenden hinweg in den Sumpf geschleudert haben. Mehr als ein Missionar wurde erschlagen, 754 bei Dokkum auch der hl. Bonifatius. Noch heute haben die Friesen, sich schon an ihren Namen erkennend, die alle auf -ma, -ga, -stra endigen und stolz auf ihre Stammeszugehörigkeit, ein eigenes, in Jahrhunderten gewachsenes kulturelles Bewußtsein. Noch heute sprechen sie neben dem Niederländischen ihre eigene Sprache, die, wenn auch wahlfrei, in den Schulen gelehrt wird. Noch heute sind die Straßenschilder großteils zweisprachig, gibt es an der Universität Groningen eine friesische Professur.

Wir bleiben auf der E 10, fahren die Küste des Kornwerder Zands entlang nach *Harlingen*, dem mit seinen Brücken und Kanälen so besonders malerischen Hafenstädtchen, in dem noch vor wenigen Jahren fast 100 Fischer, Krabbenfischer zumeist, mit ihren Kuttern daheim waren. Heute sind es noch zwei, drei, die hinausfahren. Auch die Waddenzee, belastet durch die zunehmende Industrialisierung, bietet keine ausreichenden Fangergebnisse mehr. Der moderne Hafen aber wurde mit großem Aufwand ausgebaut. Dort fahren auch die Schiffe nach den Watteninseln Terschelling und Vlieland ab, herrscht vor allem im Sommer lebhaftes Treiben. Selbst die riesigen, neu angelegten Parkplätze sind dann überfüllt. Sonst scheint sich wenig geändert zu haben in der Stadt. An den alten Hafenbecken liegen neben Speicherhäusern, Weinlagerhäusern – hatte doch Harlingen zeitweilig fast das Monopol im Weinimport aus Frankreich, Spanien, Portugal – noch immer die kleinen Werften und Werkstätten, in denen es dröhnt und hämmert. Entlang der Grachten, am Noorderhaven, zwischen Grote Breede Plats und Zuiderhaven aber stehen die anderen Häuser, die noblen, blankgeputzten, mit den geschwungenen Giebeln, die daran erinnern, daß auch diese friesische, im 13. Jahrhundert anstelle des vom Meer verschlungenen Almenum gegründete Stadt im 17. Jahrhundert ihre Blütezeit erlebte, damals, als der Wollhandel mit England fast so umfangreich war wie in Flandern, als die Stadt am Walfang in Grönland beteiligt war, als die friesische Admiralität hier ihren Sitz hatte.

Auch *Bolsward*, unser nächstes Ziel, war einst, als es noch am Ufer der bis

84 *Bolsward, Rathaus*
Bolsward, die einstige Hafenstadt, die schon in karolingisch-ottonischer Zeit auch als Marktort von Bedeutung war, besitzt in seinem 1613 bis 1617 nach Plänen von Jakob Gijsberts erbauten Rathaus den wohl prachtvollsten Bau der späten Renaissance in Friesland.

85 *Friesisches Gehöft bei Workum*
Hineingeduckt in den Schutz windzerzauster Eichen gehören die mächtigen friesischen Bauernhöfe mit dem fast bis zum Boden herabgezogenen Schilfdach, dessen Giebel das weiße »Ulebord« schmückt, zu den charakteristischsten der Niederlande.

Leeuwarden und Sneek ausgreifenden Middelzee lag, eine Hafenstadt, die sogar der Hanse angehörte. Es ist eine liebenswürdige Stadt mit einem prachtvollen Rathaus, eine lebendige Stadt mit einer langen Geschichte. Die Martinikerk, eine der ältesten Kirchengründungen Frieslands, liegt auf einer bereits im 1. Jahrhundert v. Chr. aufgeschütteten Warft. Die jetzige Kirche ist gotisch, besitzt ein dem Bildersturm entgangenes reich geschnitztes Chorgestühl, eine berühmte Orgel und eine den vier Jahreszeiten gewidmete Kanzel aus dem 17. Jahrhundert, vor deren Winterdarstellung mit den Schlittschuhen man sich daran erinnert, daß Schlittschuhlaufen eines der größten Vergnügungen des friesischen Winters ist. Der Fama nach kommen die friesischen Kinder schon mit Schlittschuhen zur Welt. In Friesland liegen die größten Schlittschuhfabriken der Niederlande. Hier findet das bedeutendste Ereignis des niederländischen Winters statt: die »Elf-Steden-Tocht«, ein Schlittschuhrennen mit Start und Ziel in der friesischen Hauptstadt Leeuwarden. das seit alten Zeiten elf Städte berührt und über eine Distanz von rund 200 km führt. Es reißt selbst den Kühlsten zur Begeisterung hin in diesem Land, in dem Maler wie Aert van der Neer und die beiden Averkamps schon im 16./17. Jahrhundert die winterlichen Vergnügungen so unnachahmlich schilderten.

Auf der Museumsroute »Aldfaers Erf« fahren wir nach Westen, später am Ufer des Ijsselmeers entlang nach Süden. In *Exmorra* ist ein wohleingerichteter Laden von 1850 zu bewundern; in *Allingawier,* diesem mit zwölf Häusern und zwei Kirchen auf einer Warft gelegenen Dorf, der aus dem 17. Jahrhundert stammende Bauernhof »De Izeren Kou«. In *Makkum* überrascht ein feines Fayence-Museum. Stellt man doch in der malerisch-kleinen, auch durch ihre Schiffswerften bekannt gewordenen Hafenstadt schon seit 1660 in »Tichelaars Koninklijke Makkumer Aardewerk-en Tegelfabrik«, nun in der zehnten Generation, jene berühmten handgemalten, blauweißen, auch farbigen holländischen Fliesen her, die man meist den Delfter Werkstätten zuschreibt. Auch in *Workum,* einst eine vor allem im Ostseehandel engagierte, 1374 gegründete Hafen- und Hansestadt, gibt es Töp-

fereien, »Pottenbakerijen«, die auf die alte Art arbeiten. Im 16. Jahrhundert aber war das Städtchen vor allem durch seine Leinenwebereien bekannt, später, bis zum 1. Weltkrieg, für seine überwiegend nach London exportierten Aale. Auch die Aale sind weniger geworden, genauso wie die Heringe, die man als Grüne Heringe vor den Verkaufsständen auf der Straße auf echt niederländische Art am Schwanz packt und mit weit in den Nacken zurückgelegtem Kopf verspeist oder auch geschnitten mit viel Zwiebelwürfeln aus dem Papier. Aber die Tafeln »Gerokte Paling« (geräucherter Aal) gehören noch immer zum friesischen, holländischen Herbst und Winter, wie »Nieuwe Haring« zu Frühling und Sommer. Manch schönes altes Haus erinnert in Workum an den damaligen Wohlstand, nicht nur um den Marktplatz mit seinem Rathaus, der »Waag« und dem wuchtigen, freistehenden Turm der St. Geertrudiskerk. Ihr ungewöhnlichster Besitz sind jene neun bemalten Totenbahren, auf denen die Workumer bis zum letzten Krieg fein getrennt nach Stand und Besitz zu Grabe getragen wurden. Da gibt es eine mit lateinischen Inschriften geschmückte Bahre für Ärzte, eine für Seefahrer, eine für Binnenschiffer, aber auch eine schwarze, unbemalte für die unidentifizierten Schiffbrüchigen und Selbstmörder.

Hindeloopen, dessen hoher charakteristischer Kirchturm schon weithin zu sehen ist, ein hübsches Städtchen mit Grachten, Giebelhäusern und hölzernen Brücken am Ufer des Ijsselmeers, erinnert an die Zeit, da seine Beziehungen zum friesischen Hinterland nur sehr lose waren und seine Kapitäne – Hindeloopen war eine Stadt der Kapitäne – im 17./18. Jahrhundert mit ihren Schiffen in Amsterdamer Auftrag überwiegend Frachten nach Skandinavien beförderten. In der kleinen Stadt entwickelte sich ein eigener Dialekt, auch jene Art der Möbelbemalung, die uns im Hindeloopener Hidda-Nijland-Museum und im Friesischen Museum Leeuwarden so besonders schön begegnet, und die heute auch die Souvenirhersteller nachzuahmen versuchen. Die den ganzen Sommer über allein gelassenen Hindeloopener Kapitänsfrauen aber wohnten mit den Kindern, einander an Reinlichkeit übertrumpfend, im »litshuis«, dem kleineren Sommerhaus. Sie machten dort, um nur ja keinen Staub aufzuwirbeln, nur alle sechs Tage die Betten. Manchmal aber übersiedelten sie sogar, so sie ganz besonders tugendhaft waren, um das litshuis so reinlich zu halten wie das Haupthaus, bis zur Rückkehr ihres Kapitäns in den Farbenschuppen!

Überall auf dieser Fahrt südwärts bis Sloten, der kleinsten der elf friesischen Städte, dann wieder nach Norden, nach Sneek und Leeuwarden, begleitet uns die Weite, die schöne Einsamkeit der friesischen Landschaft mit ihren Seen und Wasserläufen: endloses Grün unter einem hohen, endlosen Himmel, der selten ohne Wolken ist. Es ist eine Landschaft, die dem Wind ungehindert Raum gibt, in der selbst die Schafe und die schwarzweiß gefleckten Rinder – die friesischen Bauern sind noch immer anerkannte Viehzüchter – über Kilometer zu sehen sind, die Türme der Kirchen, die Windmühlen, die Gehöfte. Sie gehören in dieser Gegend meist dem Typ des Kopf-Hals-Rumpf-Hofes an mit dem kleinen, schräg versetzten ziegelgedeckten Wohnhaus, dem Kopf; einem schmalen Gang, dem Hals, und dem riesigen, unter einem einzigen, fast bis zum Boden herabgezogenen Schilfdach zusammengefaßten Stall-Scheunen-Teil. Fast immer schmückt dessen Giebel das »Ulebord«, die weiße, durch zwei Schwäne mit symmetrisch gebogenen Hälsen geformte hölzerne Spitze, durch deren Öffnung nicht nur die Eulen mäusejagend ein- und ausfliegen können, sondern durch die nach altem Glauben auch die bösen Geister das Haus verlassen sollen. Immer stehen Eichen ringsum, schiefgewachsen und zerzaust unter dem ständigen Wind. Einem Wind, bei dem man glauben kann, daß die Friesen noch mehr als die Holländer bei einer richtigen Mahlzeit auf »stamppot« schwören, auf diese kräftigen Eintopfgerichte, die »erwtensoep met kluif« (Erbsensuppe mit Schweinefleisch) oder »boerenkool met worst« (Grünkohl mit Räucherwurst) heißen und daß sie kaum einmal ein borreltje, ein Glas Genever, verschmähen. Es ist der gleiche Wind, der im Sommer den Himmel blankfegt und die »Friese Meren«, die Seenplatte zwischen Bolsward, Sneek und Sloten zu einem beliebten Zentrum des Segelsports macht.

Sloten, 1250 gegründet, einst Hauptmarkt für friesisches Getreide, ist nun ein winziges Städtchen mit einer schnurgeraden, von Linden überschatteten Gracht, die gesäumt wird von den hübschesten treppen- und halsgiebelgeschmückten kleinen Häusern, die sich denken lassen. Sneek, die Stadt an der einstigen Middelzee, die alljährlich Segelregatten abhält und im Fries Scheepvaartmuseum am Kleinzand 12 die Modelle friesischer Schiffe, darunter ein prachtvolles Segelschiff von 1736 ausstellt, ist dagegen fast groß zu nennen. Im späten 16. frühen 17. Jahrhundert baute man sie mit doppeltem Grachtenring und Mauern zu einer kleinen Festung aus. Nichts blieb von allem, außer dem so gar nicht festungsartig aussehenden Hoogeindster Waterpoort, einem liebenswürdig-heiteren Schmuckstück friesischer Renaissance-Baukunst. Sehenswert ist auch das Sneeker Rathaus mit seiner Rokokofassade und das kleine Museum am Oosterdijk 10, ein noch ursprünglich eingerichteter Bäckerladen und ein Café mit Hindeloopener Möbeln. Die Straße von Sneek nach Leeuwarden über Deersum und Roordahuizen ist schneller als der schmale Weg auf der anderen Seite der Sneeker Trekvaart. Dafür kann man dort den kleinen Abstecher nach Wieuwerd machen, das hier überall wegen seiner vier uneinbalsamierten Mumien in der Gruftkapelle der Kirche bekannt ist. Auch wird man einige der typischen, auf Warften gelegenen Dörfer kennenlernen, deren Kirchen im 12. bis 14. Jahrhundert entstanden und die in Friesland alle auf -um, -werd, -wier oder -terp endigen. Bozum, Mantgum, Weidum, Deinum, Marssum: alle haben sie eine Kirche aus dem 13. Jahrhundert, wenn auch zum Teil später verändert. Bozum aber besitzt eine der schönsten romanischen mit Fresken geschmückten Dorfkirchen ganz Frieslands, und in Marssum läßt sich auch noch ein friesischer Landadelssitz besichtigen. »Poptaslot« wurde 1511 bis 1525 von der einflußreichen friesischen Familie Heringa erbaut, 1687 von Dr. Popta erworben und ist wohl eingerichtet erhalten mit prächtigen Holztäfelungen, Möbeln und Makkumer Fayencen. Den sogenannten Poptaschatz, silbernes, reich mit mythischen Szenen und Wappen verziertes Gerät, das die Meisterschaft der friesischen Gold- und Silberschmiede des

87 Mühle in Friesland
Schon zu den Zeiten des sagenumwobenen Königs Radbod, im 7. Jahrhundert, galten die Friesen nicht nur als gute Seefahrer und Kaufleute, sondern auch als hervorragende Viehzüchter. Noch heute gehören außer den Gehöften, den Windmühlen, auch die Schafe und schwarzbunten Rinder – bekanntes Stammbuchvieh – zur Weite der friesischen Landschaft mit ihren von schmalen Wassergräben durchzogenen endlosen Weiden.

88 Sneek, Hoogeindster Waterpoort
Das Hoogeindster Waterpoort von 1613, dieses so gar nicht wehrhaft wirkende Kleinod der friesischen Renaissance-Baukunst, ist der letzte Rest der einstigen starken Befestigung, mit der sich die Hafenstadt Sneek vom 14. Jahrhundert an umgab.

Leeuwarden, Hindeloopener Zimmer im Friesischen Museum

Das Friesische Museum in Leeuwarden, der Hauptstadt der Provinz Friesland, läßt den ganzen vielfältigen Reichtum friesischen Lebens, friesischer Kunst und Kultur von der Frühgeschichte bis ins 19. Jahrhundert lebendig werden. Originalgetreu eingerichtet ist auch das aus dem 17. Jahrhundert stammende Zimmer aus Hindeloopen mit seinen gefliesten Wänden, dem geschnitzten Bettkasten und dem – im Bild nicht sichtbaren – typischen aufklappbaren gemalten Wandtisch.

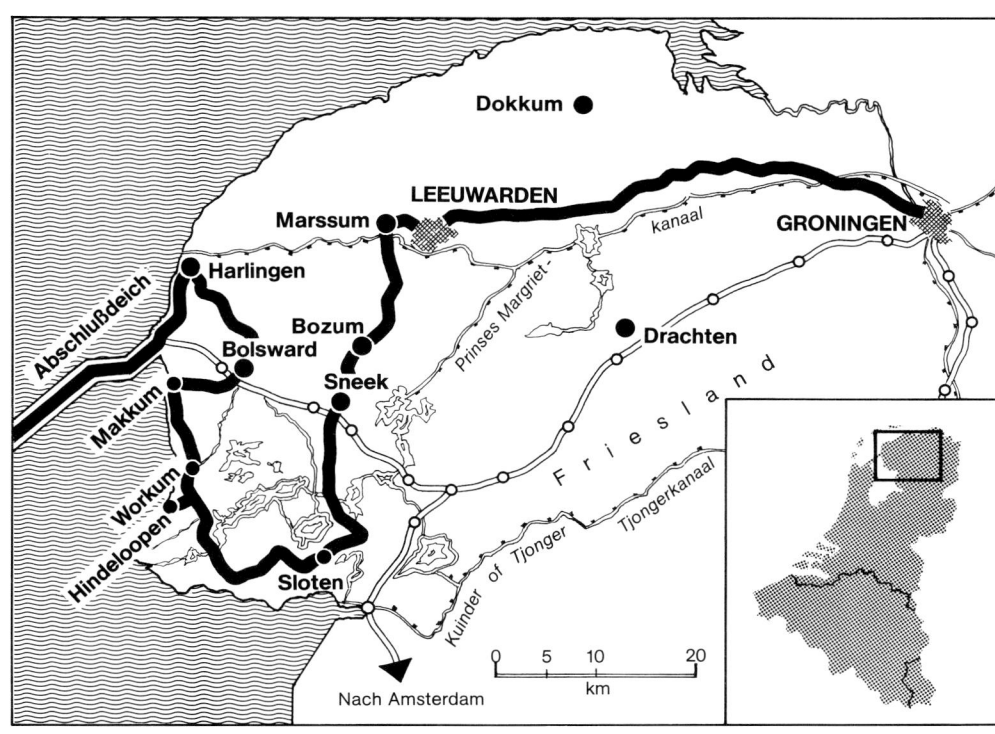

17. Jahrhunderts dokumentiert, bewahrt nun das Friesische Museum im nahen *Leeuwarden*. Es ist eines der großartigsten und instruktivsten Provinzialmuseen der Niederlande, bestens geeignet, um friesische Vergangenheit und Kultur in ihrer ganzen Vielfalt kennenzulernen. Im übrigen ist Leeuwarden – obwohl im Princessehof auch eine vorzügliche Keramiksammlung zu sehen ist mit niederländischem Jugendstil und glanzvollen chinesischen Arbeiten – keineswegs eine Museumsstadt. Die einst auf drei Warften angelegte Hafenstadt an der Middelzee, die 1582 bis 1747 Residenz der friesischen Statthalter war, ist seit dem frühen 16. Jahrhundert Hauptstadt der Provinz Friesland. Wie seit Jahrhunderten ist Leeuwarden der vielbesuchte, geschäftige Mittelpunkt des überwiegend landwirtschaftlich orientierten Landes, Zentrum einer ertragreichen Viehzucht und Milchwirtschaft. Noch heute ist die Altstadt von Kanälen umgeben, wird sie von Grachten durchzogen, die hohe gemauerte Bogenbrücken überspannen, finden sich im zum Teil modernisierten Stadtbild Häuser, die zu den schönsten Frieslands gehören, nicht nur die Kanselarij am Turfmarkt mit ihrer prachtvoll-kühlen Renaissancefassade und das Rathaus mit dem vornehmen, durchfensterten Barockanbau.

Weder in der Landschaft noch an den Menschen ändert sich allzu viel, fährt man auf der E 10 weiter Richtung Groningen. Noch immer befindet man sich ja, auch wenn man hinter Burum die Provinz Friesland verläßt, in einem von Friesen kultivierten und bewohnten Gebiet. *Groningen,* die Hauptstadt der Provinz, die allem den Namen gab, ist ein alter Handelsplatz. Schon 1040 wird er in einer Schenkungsurkunde an das Utrechter Kapitel erwähnt, damals wohl noch eine kleine Marktsiedlung, die rund hundert Jahre später befestigt, dank ihrer günstigen Lage und der blühenden Landwirtschaft ringsum rasch heranwuchs und an Bedeutung gewann. Heute ist Groningen die siebtgrößte Stadt der Niederlande, wirtschaftlich aber steht es mit seinen Industrien nur hinter Rotterdam und Amsterdam zurück. Immer schon war Groningen eine Stadt mit Verbindungen nach allen Seiten, aufgeschlossen und lebendig. 1614 gründete man hier die zweite Universität des Landes. Mittelpunkt der Stadt aber blieben durch alle Jahrhunderte die beiden Märkte, der Grote Markt und der Vismarkt – hier die Martinikerk mit ihrem 97 Meter hohen großartigen Turm, dort die Aakerk –, freigehalten von allem Verkehr, seit Groningen als erste Stadt der Niederlande seine Innenstadt für Autos sperrte. Schade, daß der Krieg so vieles vernichtete. Fast etwas einsam steht das liebenswürdige Gebäude des Goudkantoors,

reizvollste niederländische Spätrenaissance mit reichen Volutengiebeln, neben dem klassizistischen Rathaus und seinem Stahl- und Glasanbau. Noch immer aber klingt hell das Glockenspiel Hemonys vom Turm der Martinikerk, mahnt die Sonnenuhr am Portal des Prinsenhofs am Turfsingel wie in all den Jahren seit 1730 zwischen üppig blühenden Rosen: »Die Vergangenheit ist nichts, die Zukunft unsicher, das Heute unbeständig, sorgt dafür, daß eure Zeit nicht verloren geht.«

Durch Drenthe und Over-Ijssel
ins Gelderland

Ehe man von Groningen nach Süden fährt, um in der Provinz Drenthe die ursprünglichste und einsamste Landschaft der Niederlande kennenzulernen, mag man – falls man sich für die zurückhaltende Größe romanisch-gotischer Backsteinarchitektur erwärmen kann – noch einen Abstecher nach Nordwesten machen. Auf engstem Raum wird man hier nördlich von Ems-Kanal und Damsterdiep Warftdörfer beieinanderfinden, deren Kirchen zu den sehenswertesten und architektonisch eigenständigsten der ganzen Niederlande gehören. In einem Land, das so eben, überschaubar, »durchsichtig« ist wie Friesland, ja auch wie Holland, war nie Platz für Geheimnisvolles, für Mythen. Immer glaubte man hier mehr an die menschliche Tatkraft als an Wunder. Vielleicht schloß man sich deshalb so leicht Luther und Calvin an, sind auch deshalb die Kirchen so oft eher ein nüchterner Ort moralischer Aufrüstung als ein Gefühl und Phantasie beflügelndes Gehäuse des Überirdischen. Hier aber, wo man nie wagte, Gehöfte, Dörfer und Kirchen einfach in die Ebene zu stellen, wo man schon Jahrhunderte vor unserer Zeitrechnung begann, jene Hügel aufzuwerfen, die um Groningen Wierden genannt werden, die Flächen von bis zu zwölf Hektar überdecken und für die bis zu 700 000 Kubikmeter Erde bewegt wurden, baute man im 11. bis 14. Jahrhundert Kirchen in einem ausgeprägten, die Schönheit der reinen Architektur betonenden und den Ziegel als Schmuckmittel einsetzenden Stil, der als Groninger Romano-Gotik bekannt wurde. *Garmerwolde, Ten Boer, Stedum, Loppersum, Zeerijp, Leermens:* sie alle besitzen überwiegend aus dem 13. Jahrhundert stammende, meist nicht sehr große Kirchen, die innen wie außen in sorgfältigster Maurertechnik errichtet, Fenster und Blindfenster, Lisenen und Blindbögen zu einem wahren ornamentalen Flechtwerk aus Backsteinen verbinden. Oft finden sich Fresken, in Loppersum der umfangreichste, ikonographisch interessanteste Zyklus des 15. Jahrhunderts in den ganzen Niederlanden.

Auch in diesen alten Warftdörfern, wo die Kirchen so oft in einem Friedhof stehen, der aussieht, als sei er längst verlassen, ist etwas von jener zeitlosen Stille und schönen Geruhsamkeit, die uns in »het landschap Drenthe« wieder begeg-

nen wird und die rund um Groningen und Delfzijl mehr und mehr verloren ging, seit das Erdgasvorkommen bei Slochteren entdeckt wurde und die Industrialisierung immer rascher voranschreitet. In Drenthe, jener Provinz, die fast an der südlichen Stadtgrenze von Groningen beginnt und im Süden bis Coevorden und Meppel reicht, erleben wir zum erstenmal, seit wir niederländischen Boden betreten haben, eine Landschaft, die durchwegs höher liegt als der Meeresspiegel, ein äußerst dünn besiedeltes Heide- und Moorland mit vereinzelten lichten Laubwäldern, aber auch mit Feldern, auf denen Getreide wächst und Kartoffeln. Hier fehlen die großen für Friesland und Groningen so typischen Einzelgehöfte, die Kirchen nahezu in jedem Dorf, die den Friesen, Individualisten, ja Eigenbrötler durch und durch, so nötig erschienen. In Drenthe waren Wälder und Heiden Gemeinschaftsbesitz, hier arbeitete man oft zusammen, ging man gemeinsam zur Kirche. Hier wohnt man noch heute in Dörfern, die zu den schönsten des Landes gehören. *Vries* ist ein solches Brinkdorf, auch *Loon* in nächster Nähe von Assen. Locker stehen die stattlichen, strohgedeckten Höfe um den Anger (=Brink), Bäume und Grasflächen liegen dazwischen, winzige Weiher. Drenthe, die Landschaft, die um 820 als »Threant« in einem Dokument auftaucht, war durch die Jahrhunderte ein Land derartiger kleiner Bauerngemeinschaften. Man war autark, sprach sich selbst Recht, brauchte keine Verwaltung. Noch 1807 hatte selbst *Assen*, die Hauptstadt, nur 700 Einwohner. Dabei ist Drenthe, sind vor allem die sandigen Höhen des »Hondsrug« ältestes Siedlungsgebiet. 53 Megalithgräber, »hunebedden«, wie sie hier so einprägsam heißen, wurden bisher gezählt. Das größte liegt unter Eichen nördlich von *Borger*. Ein sandiger Bauernweg führt zu ihm, von niederem Baum- und Buschwerk gesäumt, in dem – dies fällt auf nach all den Möwen und Wattvögeln – Elstern daheim sind, Meisen, Grasmücken, Goldammern und Neuntöter.

Durch lichten Eichenwald, durch kleine Heidegebiete, in denen man wandernden Schäfern mit ihren Herden begegnen kann, durch Ackerland, fährt man nach Beilen und Meppel. Wir kommen in eines jener alten, für Drenthe und Over-Ijssel

90 *Megalithgrab bei Borger*
Die Provinz Drenthe ist altes Siedlungsgebiet. In dieser von kleinen Waldungen, von Moor-, Heide- und Ackerflächen geprägten Landschaft fand man 53 Megalithgräber, »hunebedden«, wie die Niederländer sie nennen, das größe zusammen mit zehn anderen in nächster Nähe von Borger.

91 *Flußlandschaft bei Zwolle*
Nördlich und östlich von Zwolle bilden Zwartewater und Vecht zwei der friedvollsten Flußlandschaften der ganzen Niederlande.

so typische Torfabbaugebiete, von denen das größte, durch Jahrhunderte wichtigste, jenseits des »Hondsrug« in den Fehngebieten zwischen Groningen und der niederländisch-deutschen Grenze lag, wo kilometerlange Moorkolonien entstanden und bis in die jüngste Zeit das Leben härter war als anderswo. Hier, westlich von Meppel, entstand durch die Torfgewinnung nicht nur das malerische Seengebiet um Giethoorn und Ronduite. Auch *Staphorst* und *Rouveen* sind einstige Moorsiedlungen. Wie in allen alten Moorkolonien reihen sich die Häuser entlang der Straße: wohlerhaltene, von Baumgruppen umgebene schilfgedeckte Gehöfte; weißes Mauerwerk über kräftig blau gestrichenem Sockel, blaue Fensterbänke, ein blaues, schöngearbeitetes hölzernes Gestell an der Haustür, in dem neben den blankgeputzten Milchkannen die Holzschuhe stehen. Seit die Staphorster und Rouveener durch die strikte Ablehnung der Polio-Schutzimpfung in die Zeitungen gerieten, gelten die Dörfer als die konservativsten der Niederlande. In dieser irgendwie abgeschlossenen, von Tradition und calvinistischer Strenge bestimmten kleinen Welt, in der man selbst Fotoapparaten mißtrauisch und voller Mißbilligung begegnet, trägt man vom Jüngsten bis zum Ältesten die überlieferten Trachten und man trägt sie, nicht wie in Volendam oder auf Marken, noch immer aus Überzeugung und Zusammengehörigkeitsgefühl.

Am Zwartewater entlang fährt man in einer der schönsten, friedlichsten Flußlandschaften, die sich denken lassen, nach Zwartsluis und *Giethoorn*. In dem kleinen, von Wasser nach allen Richtungen durchzogenen Ort, in dem schmale Wege und winzige Brücken von Haus zu Haus führen und sich aller Verkehr auf den Kanälen abspielt, hat man, anders als in Rouveen und Staphorst, längst entdeckt, daß mit Touristen recht leicht Geld zu verdienen ist. Man bezahlt für den Parkplatz, kauft Souvenirs und wird gestenreich und mit viel stimmlichem Aufwand davon überzeugt, daß man »mooi Giethoorn«, das schöne Giethoorn, nur von einem der flachen Rundfahrtboote aus besichtigen und fotografieren kann. Ringsum, um Beulaker- und Belterwijde und südlich des Zwarte Meers trocknet in riesigen aufgestellten Bündeln das Schilf, das wie von altersher zum Decken der Häuser dient.

Zwischen Vollenhove und *Urk* aber, der einstigen Fischerinsel in der Zuiderzee, die nun zum Festland gehörend mit Leuchtturm und Hafen wie ein Denkmal vergangener Zeit am Ufer des Ijsselmeers liegt, fährt man an Schiffahrts- und Entwässerungskanälen entlang durch lauter jungfräuliches Ackerland. »Pflegeleicht«, auf die Arbeitsweise großer Traktoren und Maschinen zugeschnitten sieht hier alles aus, auch wohlbestellt und fruchtbar, mit den riesigen Zwiebelfeldern und den endlosen Flächen, auf denen Blaukraut und Weißkraut wachsen. Der Noordoostpolder mit Emmeloord als Mittelpunkt ist der erste fertiggestellte Polder des in den 30er Jahren in Angriff genommenen Zuiderzeeprojekts. Mit Zielstrebigkeit und Zähigkeit beweisen die Niederländer wieder einmal, daß unter bestimmten Umständen auch eine so unumstößliche Wahrheit wie die von der Unvermehrbarkeit des Bodens ad absurdum geführt werden kann: allein in der einstigen Zuiderzee wird man nach Abschluß aller Arbeiten rund 220 000 Hektar kulturfähigen, ertragreichen Ackerboden gewonnen haben. Die Ketelbrug führt vom Noordoostpolder hinüber nach Oostelijk Flevoland, dem zweiten und jüngsten der geplanten vier Poldergebiete, das 1971 die ersten Ernten an Raps, Gerste und Weizen erbrachte. Im Schiffsmuseum *Ketelhaven*, wo man an Hand der bei den Trockenlegungsarbeiten zahlreich aufgefundenen Wracks einen Einblick gewinnt in Schiffsbau und Schiffahrt auf der Zuiderzee seit dem 11. Jahrhundert, mag man Abschied nehmen vom Meer und von den Schiffen, auch wenn die Ijsselstädte Kampen, Zwolle, Deventer, Zutphen lange Zeit lebhafte, sogar der Hanse angehörende Hafenstädte waren; auch wenn uns weiterhin Flüsse und Kanäle begleiten und wir an Waal und Maas noch einmal Lastkähnen großen Zuschnitts begegnen werden. Im ganzen gesehen sind das südliche Over-Ijssel, das Gelderland, von Brabant und Limburg ganz zu schweigen, eben doch meerferne, durch das Wasser nicht mehr geprägte, aber auch nicht mehr gefährdete Provinzen mit sanften Hügeln, Wäldern und Bauernland.

Noch aber sind wir in *Kampen*, der Stadt an der Mündung der Ijssel in die ehemalige Zuiderzee. Es erlebte seine größte

Blüte im 14./15. Jahrhundert, zu einer Zeit als Amsterdam, das ihm später so fulminant den Rang ablaufen sollte, noch eher eine große Fischersiedlung als eine einflußreiche Handelsstadt war. Damals fuhren die Segler unter den weißblauen, das Wappen Kampens tragenden Fahnen bis Dänemark und Schweden. Eine feste Mauer umgab die Stadt, kraftvolle Tore – mächtig das unverändert erhaltene Koornmarktspoort am Ijsselufer, zierlicher das während der Renaissance umgebaute Cellebroederspoort, das Broederspoort – boten Einlaß und Schutz zugleich. Schon damals überragte die Bovenkerk die Häuser der Stadt so machtvoll wie heute. In der 1. Hälfte des 14. Jahrhunderts hatte man mit dem Bau der fünfschiffigen Basilika begonnen, 1369 gewann man Rutger von Köln, den Sohn des mit Peter Parler verwandten Kölner Dombaumeisters Michael, der den lichten, hochragenden Chor errichtete. Auch das Rathaus sollte man sich anschauen, eine Kostbarkeit der Architektur zwischen Gotik und Renaissance mit seinem großartigen, in dunkler Eiche getäfelten Schöffensaal und den Figuren von Mäßigkeit, Treue, Gerechtigkeit und Barmherzigkeit neben Karl und Alexander d. Gr. unter den Baldachinen des Obergeschosses. Jenseits der Ijssel – schön ist der Blick zurück auf die Stadt, Lastkähne fahren auf dem Wasser, Schwäne und Stockenten sind auf Futtersuche, im Frühsommer blühen die Teichrosen am Ufer – fährt man weiter nach Zwolle.

Zwolle ist die Hauptstadt der Provinz Over-Ijssel. Es war schon im Mittelalter die einflußreichste der Ijsselstädte und damals eine strategisch wichtige, auch im Kampf gegen die Spanier bedeutende Festungsstadt. Die Sassenpoort aus dem frühen 15. Jahrhundert, das einzige erhaltene Stadttor, das mächtig und eindrucksvoll den Süden der Altstadt beherrscht, läßt ahnen wie die Befestigungen aussahen, ehe sie 1674 im Holländischen Krieg geschleift wurden. Heute umziehen an ihrer Stelle Grachten und baumbestandene Promenaden den alten Stadtkern mit seinen engen, winkeligen Straßen und den Plätzen, die schon mit ihren Namen – Milchmarkt, Großer Markt, Fischmarkt, Ochsenmarkt, Neuer Markt – an die Bedeutung Zwolles als weithin wichtigen Markt- und Handelsort erinnern. Giebelhäuser und schöne Renaissancefassaden finden sich da und dort, das Hopmanshuis am Flußufer, das Haus Karl V. in der Sassenstraat, die Apotheke van Oort, das Patrizierhaus des Over-ijssel-Museums. Am Grote Markt, auf den die »Peperbus«, wie die Zwoller liebevoll-spöttisch den Turm der Liebfrauenkirche wegen seines Aussehens nennen, hinabblickt, drückt sich das zierliche, 1614 erbaute Renaissance-Gebäude der Hauptwache wie aus der Spielzeugschachtel neben die aufstrebende Portalvorhalle der gotischen Michaelskirche.

Hinaus nach Dalfsen, zu den Schlössern Rechteren und Huis ten Berg fährt man im Tal der Vecht, wo Pappeln hochgewachsen die Viehweiden und Flußufer säumen. Wir kommen ins Salland, eine idyllische, flachwellige Hügellandschaft mit kleinen Wäldern und Flußläufen, mit Schlössern und Dörfern inmitten von Wiesen und üppigen Obstgärten. Südlich, wieder am Ufer der Ijssel, liegen Deventer und – kaum 15 km entfernt – das schon geldersche Zutphen. Aus den einstigen Hansestädten sind lebhafte Industrieorte geworden. Vor allem in *Deventer* ist man zunächst überrascht, inmitten moderner Baufreudigkeit und Betriebsamkeit Kirchen zu finden wie die spätgotische St. Lebuinuskerk mit ihrer dreischiffigen, noch vom Bau des Utrechter Bischofs Bernulf (1027 bis 1054) stammenden Hallenkrypta; vor allem aber so großartige Gebäude wie die gotische »Waag«, das Penninckshuis, das Haus »De Drie Haringen« oder wie das ehemalige Landshuis, das 1632 als Sitz der Deputierten Staaten in schönster Spätrenaissance, reich durchfenstert und mit prachtvollem Portal errichtet wurde. Dann aber erinnert man sich, daß der angelsächsische Mönch Lebuinus hier schon im 8. Jahrhundert eine Kapelle erbaute, daß Deventer seit dem 11. Jahrhundert eine blühende Handelsstadt war, deren Schiffe nach Skandinavien, bis ins Baltikum und nach Rußland fuhren, eine Handelsstadt, die reich wurde als Umschlaghafen zwischen Holland und den deutschen Ländern, aber auch eine Stadt, in der ein Maler wie Gerard Terborch im 17. Jahrhundert Bürgermeister werden konnte.

In *Zutphen*, der Hauptstadt der frühmittelalterlichen Herrschaft Zutfen, die

93 *In Zutphen*
Die am Zusammenfluß von Ijssel und Berkel gelegene einstige Hansestadt Zutphen ist eine Stadt voller Backstein- und Giebelhäuser des 15./16. Jahrhunderts, überragt von der St. Walburgskerk, deren Turm nach dem Brand des Jahres 1600 eine achteckige, mit Schiefer verkleidete Bekrönung erhielt.

94 *Im Nationalpark De Hoge Veluwe*
Die Heidegebiete, die von Windmulden durchzogenen Landdünen, die Kiefernhorste und schönen Laubwälder sind nur die eine Seite des Nationalparks De Hoge Veluwe. Er beherbergt auch das von Van de Velde erbaute Reichsmuseum Kröller-Müller mit einer der bedeutendsten Sammlungen moderner Gemälde und Skulpturen in den Niederlanden.

95 *Schloß Biljoen bei Arnhem*
Schloß Biljoen in Velp, 1531 von Herzog Karl
von Geldern errichtet und um 1700 umgebaut,
ist eines der zahlreichen Landsitze und Schlöß-
chen, die sich der Geldersche Adel in den
Flußtälern von Ijssel, Nederrijn und Oude
Rijn rings um Arnhem erbaute.

1127 an die Grafen von Geldern kam und 1190 Stadtrechte erhielt, wirkt das alte Stadtbild viel selbstverständlicher. Anstelle der alten Wälle legte man Promenaden an, die grün und baumbestanden die Altstadt umziehen. Sie fügte sich, immer wieder neu ummauert, bis ins 16. Jahrhundert aus »Oude Stad«, »Nieuwe Stad«, und »Spittaalstad« zusammen. Kein Wunder, daß nun einstige Stadttore inmitten der Stadt stehen, das sogenannte Wijnhaus zum Beispiel oder auch der mächtige Drogenapstooren, der 1444 bis 1446 als Saltpoort errichtet, schon 20 Jahre später nicht mehr als Stadttor benutzt wurde. Voller Backsteinbauten und Giebelhäuser sind die winkeligen Gassen und die Straßen Zutphens. Vieles stammt noch aus dem 15./16. Jahrhundert. Am schönsten aber ist die St. Walburgskerk, diese unbeschreibliche Vielfalt von grauen Schieferdächern und Bauteilen aus dem 12. bis 15. Jahrhundert, die sich im Inneren dann doch zu einem Raum von großartiger lichter Weite fügen und die Librije mitumschließen, einen Biblio-

thekssaal von strenger, mittelalterlicher Geistigkeit, in dem Handschriften und Wiegendrucke voll sind mit der Frömmigkeit und dem Wissen einer anderen Zeit.

Südlich von Zutphen bis hin nach Arnhem und entlang an Oude Rijn und Nederrijn liegt Schloß neben Schloß. Es war der Geldersche Adel, der sich seine Wasserburgen, später auch seine Renaissanceschlösser und Parks – besonders schön Schloß Middachten bei De Steeg, Schloß Biljoen bei Velp, Schloß Doorwerth am Ufer des Niederrhein – mit Vorliebe in der Weite der Flußtäler am Rande jenes kaum besiedelten, unfruchtbaren Moränengebiets errichtete, das nun als Nationaal Park Veluwezoom und De Hoge Veluwe unter Naturschutz steht und zu den besuchtesten Landstrichen der Niederlande gehört. Es ist trotz allem ein Stück unberührter Natur geblieben, eine herbe Landschaft mit schönen Laubwäldern, mit im Spätsommer violett blühenden Heidegebieten, in denen der Wacholder zwei, drei Meter hoch wird, mit Kie-

fernhorsten zwischen den von Windmulden durchzogenen Landdünen, ein Land der Schafzucht und der Imker. Im Parkgebiet »De Hoge Veluwe« lebt Schwarzwild, Reh-, Muffel- und Rotwild in völliger Freiheit, befindet sich das aus der Stiftung des Rotterdamer Industriellen-Ehepaars hervorgegangene Reichsmuseum Kröller-Müller mit einer der bedeutendsten Sammlungen moderner Gemälde und Skulpturen der Niederlande und dem von H. P. Berlage erbauten exzentrischen Jagdschloß Hubertus. Schon am Rande *Arnhems*, der im letzten Krieg so stark zerstörten Villen- und Gartenstadt, liegt das dem Niederländischen Reichsmuseum für Volkskunde angehörende Freilichtmuseum, das in landschaftlich schönstem Rahmen zwischen alten Bäumen, Wiesen und Weihern den ganzen Reichtum ländlichen Bauens und Wohnens von Limburg bis Friesland und von Zeeland bis Drenthe lebendig werden läßt.

Vom Gelderland durch Nordbrabant und Limburg

Gelderland, Nordbrabant und Limburg sind in mancher Hinsicht anders als die holländischen Kernlande draußen am Meer oder auch das alte Friesland jenseits der einstigen Zuiderzee. Zum Gelderland gehören nicht nur die herbe Naturlandschaft der Veluwe mit ihren Heiden und Wäldern, die schon fast lieblich zu nennenden Garten- und Parklandschaften um Arnhem und Apeldoorn, sondern auch die Betuwe, das ebene, einem einzigen Obstgarten gleichende Land zwischen Rhein und Waal. Nordbrabant ist wie das belgische Kempenland eben, weithin sandig und wenig fruchtbar. Limburg aber ist eine so hügelige, von Tälern durchzogene Landschaft, daß sie den niederländischen Nicht-Limburgern schon manchmal ganz ausländisch erscheint.

Auch die Geschichte verlief zeitweilig anders als in den übrigen Niederlanden. Jahrhunderte hindurch waren die Grafen, ab 1339 Herzöge von Geldern ernst zu nehmende, gewissermaßen gleichberechtigte Gegenspieler der Grafen von Holland, wie sie bemüht, ihr Territorium nach allen Seiten, auch auf Kosten des zwischen ihnen liegenden Fürstbistums Utrecht, auszuweiten. Unter den Burgundern, den Habsburgern war dann alles in einer Hand: Philipp der Gute, dem Brabant und Limburg 1430 durch Erbschaft zugefallen waren, eignete sich drei Jahre später auch Holland und Zeeland an. Sein Sohn Karl der Kühne erwarb 1472 Gelderland. Vor allem Brabant blühte auf. Es war im 15./16. Jahrhundert – ein umfangreiches Gebiet mit der Hauptstadt Brüssel – nicht nur der politische Mittelpunkt der gesamten »niederen Lande«, sondern auch das kulturelle Zentrum, ein Land mit früh ausgeprägtem Nationalbewußtsein. So fehlten, als sich 1579 die »Zeven Provincien« in der Utrechter Union zusammenschlossen, die Gebiete »jenseits der Flüsse«. In dem vorwiegend bäuerlich geprägten Land hing man zäh am Althergebrachten, am angestammten Glauben. Limburg und Brabant, auch das südliche Obergeldern blieben katholisch und – im Gegensatz zu Niedergeldern mit Nimwegen, Zutphen und Arnhem – bei Spanien. Auch als der Westfälische Friede, der Brabant teilte, Nordbrabant und Limburg den Generalstaaten zusprach, blieb die aufgerissene Kluft bestehen. Beide Provinzen wurden als »erobertes Gebiet«, als sogenannte Generalitätslande angegliedert und waren, bis 1795 die Franzosen kamen, weder politisch noch wirtschaftlich gleichberechtigt. Dies alles hindert die Limburger und Brabanter nicht, gute Niederländer zu sein, wie es sie nicht hinderte, in den Wirren um 1830 loyal zum Norden zu halten. Doch noch heute erinnert man sich hier ungern der starrsinnigen Selbstherrlichkeit, zu der der Calvinismus fähig ist, mehr noch als in Friesland oder Drenthe verabscheut man es, als »Holländer« angesprochen zu werden.

Dort, wo von Süden her auf einer kurzen Strecke die fast 100 Meter hohen Hügel der niederrheinischen Stauchmoränen mit ziemlich steilen Abstürzen bis an die Waal herantreten, liegt *Nijmegen,* die älteste der niederländischen Städte. Schon die Bataver siedelten hier. Unter Kaiser Trajan errichteten die Römer an der strategisch bedeutenden Stelle ihr Ulpia Noviomagus, bauten es zu einem wichtigen Militär- und Verwaltungsstützpunkt der Germania inferior aus. Karl der Große, der die Stadt über dem Fluß besonders liebte und sich häufig hier aufhielt, erbaute 777 auf der Höhe unmittelbar über dem Wasser, an einer Stelle, die noch heute einen bezaubernden Blick über die hier 700 Meter breite, vielbefahrene Waal und die sie imposant überspannende Brücke bietet, eine seiner Kaiserpfalzen, den Valkhof. Von der recht weitläufigen Anlage, die Kaiser Friedrich I. Barbarossa nach der Zerstörung durch die Normannen wieder aufbaute und erweiterte, blieb nicht allzu viel übrig: die Ruine der unter Friedrich Barbarossa entstandenen Martinskapelle und die kleine, kunstgeschichtlich besonders interessante Nikolauskapelle, von deren Eingang man hinausschaut über Fluß und Tal, ein um 1030 in der Nachfolge der Aachener Pfalzkapelle Karls des Großen entstandener Zentralbau, in dem alles der Zahl acht untergeordnet ist. Nijmegen blieb bedeutend. Nach 1230 war es einige Jahre hindurch Freie Reichsstadt, das ganze Mittelalter aber – wirtschaftlich blühend und militärisch wichtig – die mächtigste unter den Städten Gelderns, mächtiger auch als das von den Grafen und Herzögen als Wohnsitz bevorzugte und zur Hauptstadt gemachte Arnhem. Mehr als einmal aber wurde die handelspolitisch und strategisch bevor-

96 Nijmegen, Grote Markt
Nijmegen, das Noviomagus der Römer, die Pfalz Karls des Großen, war im letzten Krieg schwer umkämpft. Am Grote Markt stehen die schönsten der wiederhergestellten Gebäude: gegenüber der »Waag« von 1612 der von hübschen Häusern flankierte »Kerkboog« von 1545 mit seinem prachtvollen Renaissancegiebel (1605).

97 An der Waal bei Nijmegen
Kaum auf niederländischem Boden, fängt der Rhein an sich zu teilen, beginnt sein verwirrendes Namensspiel. Als Nederrijn fließt er am weitesten nördlich, verliert Wasser durch die Ijssel, den Kromme Rijn, die Vecht und den Oude Rijn, die in die ehemalige Zuiderzee, in die Nordsee münden. Der größere, vielbefahrene, zwei Drittel des Wassers übernehmende Hauptarm aber ist die Waal. Sie heißt nach der Mündung der Maas Merwede und trifft sich als Noord wieder mit dem Nederrijn, der sich allerdings seit Wijk bij Duurstede, wo noch immer eine Mühle steht, die der Ruisdaels ähnelt, Lek nennt. Gemeinsam, unter den Namen Nieuwe Maas, Scheur und Nieuwe Waterweg fließen sie hinter Rotterdam in die Nordsee.

98 *'s-Hertogenbosch,*
Strebepfeiler der Kathedrale
Mit ihren verschwenderisch eingesetzten
Steinmetzarbeiten und Bauplastiken, dem
Maßwerk, den Fialen, den auf den Strebe-
pfeilern hintereinanderhockenden Tier- und
Menschengestalten ist die Kathedrale St. Jan
in 's-Hertogenbosch nicht nur eine der größten,
sondern vor allem die reichste gotische Kirche
der Niederlande.

zugte Lage zum Verhängnis für die Stadt. Zuletzt noch 1944/45 in den blutigen Auseinandersetzungen um die Flußübergänge an Rhein und Waal, wo an der sogenannten »Schlacht von Arnheim« Fallschirmjägertruppen aus vier Nationen beteiligt waren. So ist Nijmegen heute wie Arnhem eine weitgehend moderne Stadt, eine Stadt, die weit stärker noch als Arnhem, das mit seinen Parks und Gärten etwas vom Charme der Vorkriegszeit zurückgewann, geprägt wird von seinen Industrien und von den gepflegten Wohnsiedlungen im Grün des Stadtrands. Die qualitätvollsten wiederhergestellten Gebäude liegen alle im Anblick des Turms von St. Stevens: um den Marktplatz die schöne Reihe der Häuser zu Seiten des »Kerkboogs« mit seinem flandrischen Renaissancegiebel und die »Waag« von 1612, die Ähnlichkeit hat mit den Bauten Hendrik de Keysers; an der Burchtstraat der Renaissancebau des Rathauses mit Figuren, Köpfen, Medaillons. Das Kam-Museum aber ist voll mit jenen Münzen, Keramiken, Gläsern und Bronzen der Römerzeit, die der Boden des alten Noviomagus wieder freigab.

Die weite Ebene um die Flüsse Nederrijn, Waal und Maas, durch die wir nach 's-Hertogenbosch fahren, ist geruhsam, bäuerlich. Nördlich der Waal dehnt sich die Betuwe, dieses Land der Obstbäume, der Kirsch- und Apfelblüten im Frühjahr, der fröhlichen Kirschenfeste und Kirschenesser im Juni/Juli; südlich das »Land van Maas en Waal« mit seinen fruchtbaren Äckern. Vor allem zwischen Dreumel und Rossum, vor dem sich Waal und Maas so nahe kommen, daß man sie mit einer Schleuse verbinden konnte, sollte man die schmale Straße oben auf der Deichkrone benutzen. Hineingeduckt in den Schutz des Deichs finden sich auch hier die typischen kleinen Deichhäuser. Der Blick hinüber über den Fluß aber bietet immer wieder Bilder wie aus dem Skizzenbuch der alten Niederländer: Wasser, Baumgruppen und kleine Dörfer mit spitzen Kirchtürmen unter einem alles beherrschenden Himmel.

Wenn man an *'s-Hertogenbosch* denkt, denkt man an die Kathedrale Sint Jan. Schon Albrecht Dürer notierte im November 1520 im Tagebuch seiner niederländischen Reise: »Herzogenbusch ist eine hübsche Stadt, hat eine ausbündig schöne Kirche . . .«. Den Bosch, wie es

kürzer heißt, ist eine hübsche Stadt geblieben zwischen all den modernen Vierteln aus Beton und Glas. Manchmal fühlt man sich an belgische Städte erinnert in den schmalen Gassen, die voller Leben sind, zwischen den Häusern, die, häufig gotisch, noch ihre alten Giebel haben, auf der »Parade«, dem riesigen Platz vor der Kirche, vor allem aber in der Karnevalszeit, wenn sich die Stadt sogar einen anderen Namen zulegt und »Oeteldonk« heißt, und bei den sommerlichen Prozessionen zu Ehren »Unserer Lieben Frau«. Am Anfang stand in 's-Hertogenbosch wie in Den Haag ein Jagdsitz. Er lag im Mündungsdreieck von Dommel und Aa inmitten der ausgedehnten, zum Teil sumpfigen Waldungen südlich der Maas, in dem die Herzöge von Brabant mit Vorliebe zu jagen pflegten. 1185 gab Herzog Hendrik I. von Brabant der aufstrebenden Siedlung Stadtrechte. Sie entwickelte sich rasch, wurde zum vielbesuchten Markt des umliegenden Bauernlandes – der Den Boscher Viehmarkt ist noch heute einer der bedeutendsten der ganzen Niederlande –, zu einem Handelszentrum für Leinwand, Wolle und Tuch, das bald versuchte, selbst mit Löwen, Brüssel und Antwerpen zu wetteifern. In der zweiten Hälfte des 14. Jahrhunderts begann man mit dem Bau der »ausbündig schönen Kirche«, der sich anderthalb Jahrhunderte hinzog. Sint Jan wurde zu einem Höhepunkt der Brabanter Gotik, zur künstlerisch reichsten Kirche der ganzen Niederlande, in der alles zusammenwirkt: vom Kapellenkranz des Chors und der besonders prächtigen südlichen Querschiffsfassade, dem Maßwerk der endlos vielen Fenster, bis zu dem wahrhaft verschwenderisch eingesetzten Zierwerk der Fialen und Krabben, der Tier- und Menschengestalten, die rittlings hintereinandersitzend auf den Strebepfeilern hocken. Das Innere aber, das aufgebrochen wird durch die helle Weite der Vierung, in dem 150 Säulen die steinernen Gewölbe der fünf Schiffe tragen, ist noch immer »ein zugleich weltoffenes und weltentrücktes Gehäuse des Kults und der Heiligenverehrung, erfüllt von Weihrauchduft und umschwebt von jenem unsagbaren Zauber französischer Domkirchen«, auch wenn nicht alle der fast 50 Altäre erhalten sind, die Sint Jan gegen Ende des 16. Jahrhunderts besessen haben soll. Verschollen sind auch die sechs Tafeln, die Hieronymus Bosch, um 1450 hier geboren, 1516 hier begraben, der berühmteste Sohn der Stadt, der Realist mit der abgründigen Phantasie, der Maler der höllischen Versuchungen, eigens für die Kathedrale schuf.

Die Straße nach Helmond, mit der wir das betriebsame Eindhoven umgehen, folgt der Zuid-Willemsvaart, einem Kanal, auf dem zwischen den endlosen Pappelreihen der »Meierij« kleine Frachtkähne dahintuckern, an dem noch heute der alte Treidelpfad entlangläuft, an dem noch Windmühlen stehen und einige der alten Kneipen, in denen einst Schiffer und Pferdeknechte einkehrten und wo man heute zur Mittagszeit eine echt Brabanter »Koffietafel« vorgesetzt bekommt. Bei Beek-en-Donk ist es nicht weit nach *Nuenen,* wo Vincent van Gogh in den beiden unglücklichen, aber höchst produktiven Jahren, die er 1883 bis 1885 im Pfarrhaus seines Vaters verbrachte, Landschaft, Bauern und Arbeiter seiner Brabanter Heimat in schweren, dunklen Farben, in einem düsteren Blaugrün und einem fast schwarzen Braun, malte.

Es sind die bettelarmen Bauern und Arbeiter des nun kultivierten, bis ins späte 19. Jahrhundert kaum besiedelten Moorgebiets der »Peel«, das nach Osten und Süden bis fast an die Maas und die belgische Grenze reicht. Nur das Naturschutzgebiet »De Grote Peel« südlich von Asten bewahrt noch einen Rest jener gefürchteten Unwegsamkeit, die der Volksglaube einst mit Hexen und feurigen Männern bevölkerte.

In Kessel erreichen wir das Tal der Maas. Wir sind in Limburg, das sich wie ein Keil hineinschiebt zwischen das belgische Limburg und das deutsche Nordrhein-Westfalen. Wassermühlen liegen in den stillen Flußtälern bei Neer und Haelen. *Thorn,* hart an der belgisch-niederländischen Grenze, gilt mit seinen Backsteinhäusern, die fast jedes Jahr gestrichen werden, als das »weiße Städtchen« der Niederlande. Jungfräulich weiß ist auch die Pfarrkirche, das einzige Relikt jener 1797 aufgehobenen Fürstabtei, die einige Jahrhunderte hindurch im Ruf eines Heiratsmarktes der europäischen Fürstenhäuser stand. Lebten dort doch unter dem fröhlichen Zepter ihrer »Hochfürstlichen Durchlaucht von Thorn«, der Äbtissin, wohlbeschützt von einer »Armee« mit Oberst, Kapitän und zwei

Leutnants, eine Schar hochadeliger Jungfrauen, die als weltliche Kanonikerinnen keinerlei Gelübde abzulegen brauchten. Hinter Susteren und Sittard beginnt das dichtbesiedelte, hochindustrialisierte Zentrum des niederländischen Steinkohlebergbaues, ein wirtschaftliches Problemgebiet im Umbruch. Aber es beginnt auch eine nach Süden immer hügeliger werdende, von tiefen Tälern durchschnittene Landschaft mit fruchtbaren Lößdecken, die im äußersten Südosten, bei Vals, mit 322 Metern den höchsten Punkt der Niederlande erreicht. Dicht sitzen hier die Ortschaften, gehen zum Teil ineinander über. Zahlreich sind die mit Steinen aufgemauerten kleinen Landsitze, die häufig noch heute im Besitz landstädtischen Adels sind, aber auch die großen südlimburgischen Bauernhöfe, die wie in manchen Gegenden Belgiens oder Nordfrankreichs dem römischen Typus folgen: wehrhaft abgeschlossen mit einem von Wohnhaus, Ställen und Scheunen umgebenen Innenhof. Hier im Süden ist Limburg altes Siedlungsgebiet, altes Kulturland. Nicht nur die Römer hatten hier ihre Gehöfte, Villen und Militärstützpunkte – die 1941 ausgegrabenen Thermen der römischen Festung Coriovallum in *Heerlen* sind nur ein Beispiel –, auch die Karolinger schätzten das Land an der Maas. In der Pfalz Mersen (das heutige *Meerssen* nördlich von Maastricht) trafen sich 870 Ludwig der Deutsche und Karl der Kahle zu jenem Vertrag über die Teilung Lotharingiens, der erstmals in zwei Sprachen abgefaßt, die getrennt verlaufende politische und kulturelle Entwicklung Frankreichs und Deutschlands besiegelte.

Ehe man hinüberfährt ins Geultal, in das anmutigste und besuchteste Tal Südlimburgs, sollte man die ehemalige Abtei Rolduc in *Kerkrade* besuchen. Hier, wo eines der frühesten beglaubigten, schon 1113 von den Mönchen erschlossenen Kohleabbaugebiete liegt, steht einsam, wie in einer grünen Oase, eine in ihrer Architektur und Bauplastik interessantesten romanischen Kirchen des Landes mit einer großartigen Krypta. Dann im Tal der Geul Valkenburg mit seiner ganz unniederländisch hoch über dem Ort gelegenen Burgruine, mit zwei Stadttoren, schmalen Gassen und unterirdischen Grotten. Es ist das touristische Zentrum der »Limburgischen Schweiz« mit fast

99 *Landschaft in Limburg*
Pappeln gehören bis hinunter nach Limburg zu vielen belgischen und niederländischen Landschaften. Vor allem in der »Meierij«, dem bäuerlichen Landstrich zwischen 's-Hertogenbosch und Eindhoven, Helmond, wurden die Bäume, die hier die Äcker und Gehöfte begrenzen, zur Grundlage einer lange Zeit blühenden Holzschuhherstellung.

100 *Neer, »Friedese Molen«*
Unter holländischen, niederländischen Mühlen stellt man sich Windmühlen vor. Sie gehören in den verschiedensten Formen, vom primitiven Tjasker, über die frühen Wipp- und Schaufelradmühlen bis zu den technisch besonders hochstehenden Bovenkruiser und Paltrokmühlen, nun häufig restauriert und liebevoll gepflegt, zum Bild der niederländischen Polder- und Flußlandschaften. An den stillen Flüssen Limburgs, bei Baexem, Neer, Haelen, Neeritter aber gibt es auch Wassermühlen, die vor allem als Getreide- und Ölmühlen benutzt wurden.

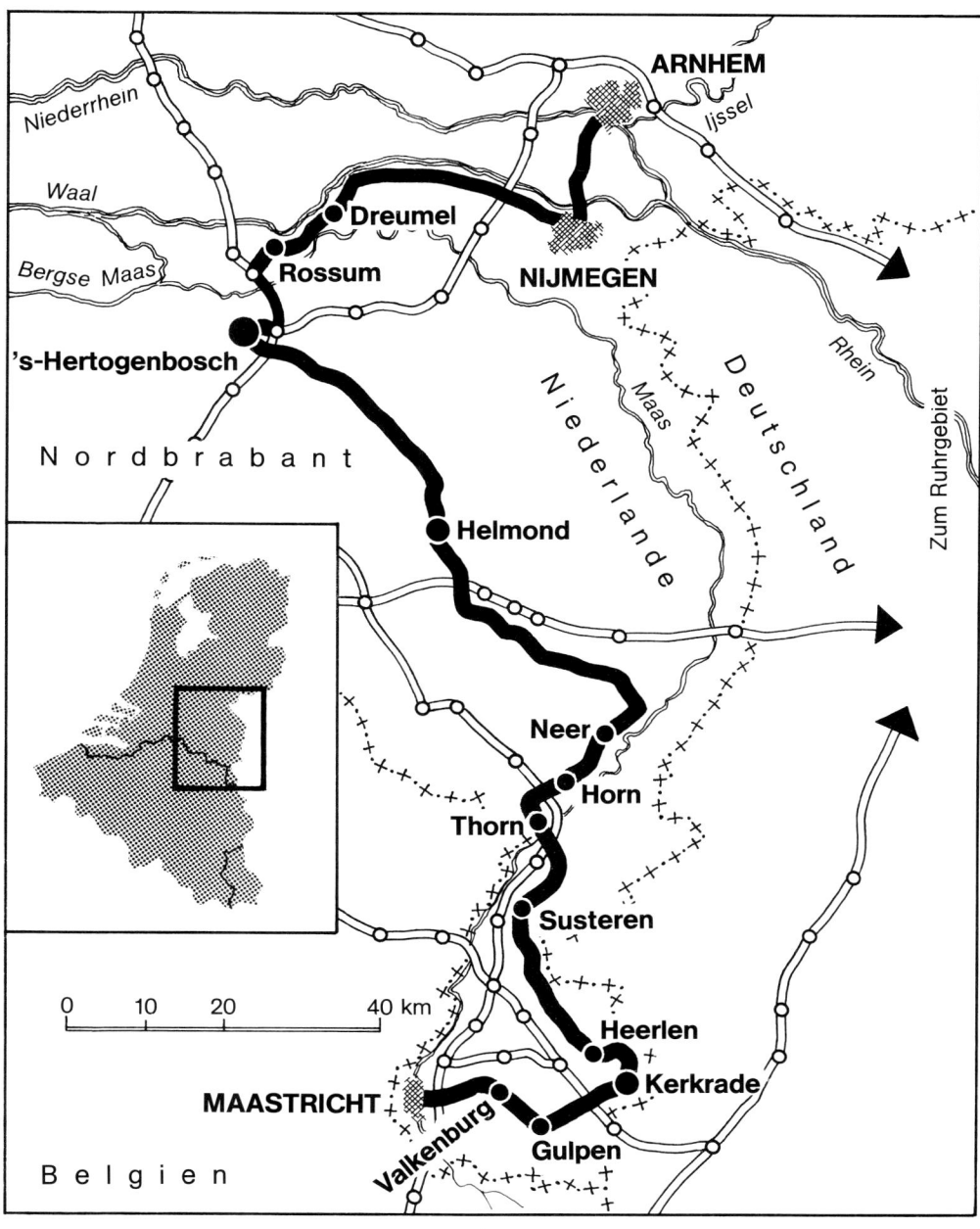

101 *Maastricht, Servatiusschrein*
Die Maastrichter St. Servaaskerk besitzt in
dem um 1160 geschaffenen Servatiusschrein
einen jener großartigen, für das Rhein-Maas-
Gebiet so typischen mittelalterlichen Reli-
quienschreine, kostbare Goldschmiede-
arbeiten, die uns auch in Köln und Aachen,
im belgischen Visé, Stavelot und Tournai
begegnen.

so viele Fremdenbetten wie Amsterdam, mit einem Café und Restaurant neben dem anderen. Fast an jedem zweiten Haus hängt das Schild »Limburgse Vla«, das den berühmten Limburger Obstkuchen anpreisend zum Schlemmen verführt.

Still und ländlich ist Limburg hier längst nicht mehr. Dafür ist *Maastricht* nah. Sieben Kilometer Autobahnfahrt und man ist mitten in der Hauptstadt Limburgs, einer Stadt, die so gar nicht »holländisch« wirkt, auch wenn Pieter Post, der die »Waag« in Gouda und das Schlößchen Huis ten Bosch bei Den Haag baute, auch das Maastrichter Rathaus mit seiner doppelläufigen Freitreppenanlage errichtete. Mehr als jede andere niederländische Stadt wird Maastricht, die Stadt am Fluß, den noch heute in schöner Selbstverständlichkeit eine mittelalterliche Brücke mit neun steinernen Bögen überspannt, das Ad Mosam Trajectum der Römer, von seinen vielen Kirchen geprägt. Aber auch von den Häusern, die zwar so häufig wie in Amsterdam aus dem 17./18. Jahrhundert stammen, die aber an rheinische, belgische Städte, an

Lüttich erinnern mit dem Grau ihrer steilen Schieferdächer und mit der hellen, gelblichgrauen Farbe des Steins, aus dem man sie baute. Es ist der gleiche Stein, den schon die Römer in den unterirdischen Steinbrüchen des nahen Pietersbergs gewannen, von dem Plinius berichtete, man schneide ihn mit der Säge wie Holz und aus dem man von der Romanik bis zur Gotik die großen Kirchen errichtete. Sie sind die glanzvollsten Zeugnisse jenes kirchlichen Einflusses, der mindestens im 4. Jahrhundert begann, als Servatius, der Bischof von Tongeren, hier zu sterben wünschte; der sich verstärkte, als Maastricht vom 6. bis 8. Jahrhundert Bischofssitz war; der noch heute lebendig ist, nicht nur in der alle sieben Jahre stattfindenden Wallfahrt zum Schrein des hl. Servatius, die ihr Gegenstück in der Aachener »Heiltumsfahrt« hat. In einer Stadt, die von alters her an einer der großen Heer- und Handelsstraßen lag, die Residenz der fränkischen Könige war, schon unter den Karolingern ein Zentrum des Handels und der Kultur, die bis ins 13. Jahrhundert ein mächtiger Pfeiler des Kaisertums war,

dann geschätzter Besitz der Herzöge von Brabant, in der zeitweilig auch die Fürstbischöfe von Lüttich residierten, denen es in ihrer bürgerstolzen Stadt manchmal zu ungemütlich wurde, in diesem Maastricht mußten Kirchen entstehen wie St. Servaas und Onze Lieve Vrouwekerk, singuläre Erscheinungen der Architektur in den heutigen Niederlanden.

Maastricht, über dem stärker als anderswo in diesem Land etwas Mittelalterliches liegt, in dem so vieles römische, karolingische Tradition hat, ist auch in seiner Lebensart eher rheinisch-heiter, wallonisch-lebhaft als »holländisch«. Maastricht ist eine aus Überzeugung niederländische Stadt, in der manches hinausweist über die Grenzen: hier flaniert man mit Hingabe, steckt vor »Maria, Stern des Meeres« so viele Kerzen auf, daß es hell und warm wird im Dämmer der Vorhalle von Onze Lieve Vrouwekerk, und man feiert Karneval so ausgelassen und begeistert, wie es nirgends sonst in den Niederlanden möglich wäre.

Rund 30 Kilometer sind es nach Lüttich, 32 nach Aachen.

	Niederlande	Belgien	Luxemburg
v. Chr.	8.–7. Jh. von Norden dringen germanische, von Süden keltische Stämme vor		
	1. Jh. Friesen in der nördlichen Küstenlandschaft, Bataver im Rheindelta, keltisch-germanische oder rein keltische Volksgruppen südlich des Rhein-Maas-Schelde-Deltas		
	Die Friesen können sich im Norden weitgehend behaupten	58 v. Chr. bis ca. 400 n. Chr. Römer	
0–1000	4.–6. Jh. die germanischen Wanderungen und der nachfolgende Kulturausgleich führen zur Bildung der romanisch-germanischen Sprachgrenze		
	4. Jh. Franken an Maas, Schelde und Niederrhein	4. Jh. Bischof Servatius gründet das Bistum Tongeren	
		5. Jh. Tournai wird Hauptstadt der Merowingerkönige	
	696 Gründung des Bistums Utrecht		698 Willibrord stiftet die Benediktinerabtei Echternach
		721 Gründung des Bistums Lüttich	
	754 Bonifatius wird bei Dokkum von den Friesen erschlagen		
	768–814 Das Reich Karls des Großen umfaßt auch die späteren Gebiete Holland, Brabant, Limburg und Geldern		
	777 Karl d. Große errichtet den Valkhof in Nijmegen		
	843 Vertrag von Verdun. Bei der Teilung des karolingischen Reiches kommen die Niederlande zum Mittelreich "Lotharingien", die Gebiete westlich der Schelde an Frankreich		
		864 Entstehung der Grafschaften Vlaanderen und Hennegau	
		870 Im Vertrag von Mersen kommt es zur Teilung Lotharingiens: Vlaanderen wird geteilt in das wallonische Kronflandern und in Reichsflandern	
		925 Deutschland dehnt unter Heinrich I. seine Grenzen bis zur Schelde aus Flandern entwickelt sich unter französischer Oberhoheit zu einer der bedeutendsten Territorialherrschaften des Mittelalters	963 Graf Sigfrid schafft von der "Lucilinburhuc" aus die Grundlage einer Territorialherrschaft
		1096–99 Erster Kreuzzug; Eroberung von Jerusalem durch Gottfried von Bouillon 1099	
1100–1200	Entstehung der Grafschaften Geldern, Holland und Limburg	10.–12. Jh. Blütezeit in den Maaslanden	1196–1247 Gräfin Ermesinde richtet ein geordnetes Staatswesen ein
		Blüte der flandrischen Handelsstädte Steinkohlebergbau in Lüttich	
1300		1302 sog. Sporenschlacht bei Kortrijk, Sieg der Flamen über die Franzosen Brügger Matinée	12., 13. Jh. die ursprünglich rein deutschsprachige Grafschaft wird durch wallonische Gebiete in den Ardennen etc. erweitert
		1322–28 Weber- und Volksaufstände in Flandern	1308 Heinrich VII. v. Luxemburg wird römisch-deutscher Kaiser
	1346–1433 Holland und Zeeland beim Haus Bayern-Wittelsbach	1346–1433 Hennegau beim Haus Bayern-Wittelsbach	1354 Kaiser Karl IV. erhebt die Grafschaft L. zum Herzogtum
		1384 Flandern, Artois und die Freigrafschaft Burgund durch Heirat an Philipp d. Kühnen, Herzog v. Burgund	
1400		1426 Gründung der Universität Löwen	
		1430 Brabant und Limburg durch Erbschaft an Burgund	
	1433 Philipp v. Burgund erobert Holland, Zeeland und Hennegau		1441 L. kommt durch Kauf an Philipp v. Burgund
	1477 Maria v. Burgund, die Erbtochter Karls d. Kühnen, heiratet den späteren Kaiser Maximilian I.; die "niederen Lande" fallen an das Haus Habsburg		
	1496 Philipp d. Schöne, Sohn Maximilian I., vermählt sich mit der Erbtochter aus dem Hause Spanien, Johanna d. Wahnsinnigen		

Niederlande	Belgien	Luxemburg

1512 Maximilian I. faßt die meisten Provinzen zum sog. Burgundischen Kreis (einem der 10 Kreise des Alten Deutschen Reiches) zusammen, zu dem die ungeteilten Niederlande und die Freigrafschaft Burgund gehören

1516 Karl, Sohn Philipps d. Schönen und Johanna d. Wahnsinnigen, wird König v. Spanien, Neapel-Sizilien und Herrscher über die burgundischen Niederlande

1519 Karl wird als Karl V. Kaiser. Die Niederlande erleben unter ihm eine Zeit hoher wirtschaftlicher und kultureller Blüte. Antwerpen ist Mittelpunkt des damaligen Welthandels.

1556 Philipp II. wird Nachfolger seines Vaters Karl V.
Gesteigerter politischer, finanzieller und religiöser Druck, die Schwächung der überkommenen ständischen Freiheiten führen zunehmend zu allgemeiner Unzufriedenheit

1565 Erhebung der Niederländer unter Wilhelm v. Oranien und den Grafen Egmont und Hoorn gegen die spanische Herrschaft

1567 1. calvinistischer Bildersturm; Philipp II. entsendet Herzog Alba mit einem Heer in die Niederlande

1568 Ausbruch des offenen Aufstandes gegen die Spanier; Herzog Alba läßt die Grafen Egmont und Hoorn in Brüssel hinrichten

1500

Niederlande:

1568–1648 Niederländischer Freiheitskrieg

1572 Prinz Wilhelm v. Oranien, genannt der Schweiger, übernimmt im Aufstand gegen die Spanier die Führung

1575 Gründung der Universität Leiden

1579 Utrechter Union. Die Grafschaften Holland und Zeeland, die Herrschaften Friesland und Groningen, die Grafschaft Drenthe, die Herrschaft Over-Ijssel und das Herzogtum Geldern schließen sich im Staatenbund der "Sieben Freien Provinzen" zusammen gegen Spanien

1581 die "Zeven Provincien" sagen sich völlig von Spanien und dem Hause Habsburg los und bilden die Republik der Vereinigten Niederlande

1584 Prinz Wilhelm v. Oranien wird in Delft ermordet

Belgien:

1579 die habsburgischen Niederlande umfassen zu dieser Zeit die Grafschaft Flandern, das Herzogtum Brabant, Teile des Herzogtums Geldern, die Grafschaft Artois (heute Frankreich), die Grafschaften Hennegau und Namur, die Herzogtümer Limburg und Lützelburg, dazwischen das unabhängige Bistum Lüttich

1585 fällt Antwerpen. Es entstehen die sog. Spanischen Niederlande, die sich religiös, politisch, sozial und kulturell eigenständig weiterentwickeln
Die südlichen Niederlande erleben in einer Zeit wirtschaftlicher und kultureller Erschöpfung einen allgemeinen Rückgang; Antwerpen verliert seine Vormachtstellung an Amsterdam und Rotterdam

Niederlande:

das "Goldene Jahrhundert" der Niederlande mit höchster wirtschaftlicher und kultureller Blüte; Malerei!
Entwicklung zur führenden See- und Handelsmacht Europas

1602 Gründung der Ostindischen Compagnie

1609 Gründung der Westindischen Compagnie

1619 Gründung von Batavia (Djakarta)

1626 Gründung von Nieuw Amsterdam (New York)

1634 die Handelsflotte zählt 35 000 Schiffe

1648 Friede von Münster, Westfälischer Friede. Anerkennung der Selbstständigkeit der Vereinigten Niederlande; sie erhalten Nordbrabant und das verkleinerte Herzogtum Limburg (= Generalitätslande); Hauptstadt wird Amsterdam, Residenz 's-Gravenhage; Sperre der Schelde

um 1650 die Niederländer besitzen ein Kolonialreich, das 60 mal größer ist als das Mutterland

1600

1662–78 Teile der ehem. Grafschaften Flandern und Hennegau bei Frankreich

1684–94 L. auf Grund der Reunion Ludwigs XIV. unter französischer Herrschaft

1713 Friede von Utrecht, Beendigung des Spanischen Erbfolgekrieges, sichert das politische Gleichgewicht in Europa

1697–1794 L. ist habsburgisch

1794 Eroberung der Vereinigten Niederlande und der südlichen Niederlande durch französische Revolutionstruppen

1795 Angliederung der von Frankreich eroberten Gebiete als Batavische Republik nach französischem Vorbild

1794–1815 L. als Wälderdepartement bei Frankreich

1798–99 Bauernaufstände gegen Frankreich

1700

Niederlande	Belgien	Luxemburg

1800

Niederlande	Belgien	Luxemburg
1806 Napoleon I. errichtet das Königreich Holland mit seinem Bruder Louis Bonaparte als König		
1810 Louis Bonaparte dankt aus Protest gegen die Kontinentalsperre ab. Die Niederlande werden Frankreich einverleibt		
1813 Aufstand in den nördlichen Niederlanden; Vertreibung der Franzosen	1815 Schlacht bei Waterloo, Sieg über Napoleon I.	1815 Wiener Kongreß. L. wird Großherzogtum und deutscher Bundesstaat, jedoch durch Personalunion mit den Niederlanden verbunden. Preußen erhält Besatzungsrecht der zur Bundesfestung erhobenen Stadt Luxemburg
1815 Wiener Kongreß. Die nördlichen und die südlichen Niederlande werden zum Königreich der Vereinigten Niederlande verbunden. Prinz Wilhelm v. Oranien besteigt als König Wilhelm I. den Thron		
	1830 Unzufriedenheit durch die Bevorzugung des Holländischen durch Wilhelm I. und der Konfessionsgegensatz führen zur Septemberrevolution. Belgien erklärt seine Unabhängigkeit.	1830 L. schließt sich der belgischen Revolution an
1831 Vertrag von Verdun. Die Großmächte beschließen die völlige Selbständigkeit der Niederlande und Belgiens; Trennung der beiden Königreiche entlang der heutigen Grenzen		
	1831 Leopold I., Prinz v. Coburg, wird vom Nationalkongreß zum König der Belgier gewählt	1839 der wallonische Teil Luxemburgs kommt an Belgien
	1839 Londoner Protokoll. Garantiert Neutralität Belgiens; bestätigt den Besitz der ehemals luxemburgischen Gebiete und des westl. Limburg	
1848 Neue niederländische Verfassung, konstitutionelle Monarchie		
		1866 L. wird durch die Auflösung des Deutschen Bundes selbständig
		1867 Londoner Vertrag. Luxemburg wird für neutral erklärt, die Festungen in Luxemburg Stadt sind zu schleifen
1890 Krönung von Königin Wilhelmina		1890 Luxemburg, das die weibliche Thronfolge nicht anerkennt, wird selbständiges Großherzogtum; Ende der Personalunion mit den Niederlanden; die noch heute regierende walramsche Linie Nassau-Weilburg kommt an die Regierung
1899 Haager Schiedsgerichtshof gegründet		

1900

Niederlande	Belgien	Luxemburg
1914–18 Niederlande neutral	1914–18 Deutsche Truppen in Belgien	1914–18 Luxemburg von deutschen Truppen besetzt
1927–32 Bau des Abschlußdamms über die Zuiderzee; Beginn der Einpolderungen im "Ijsselmeer"	1920 Eupen, Malmédy an Belgien	1921 Wirtschaftsunion mit Belgien
	1922 Gesetze zur Gleichberechtigung von Flamen und Wallonen	
1940–44/45 Niederlande, Belgien und Luxemburg von deutschen Truppen besetzt		
1948 Königin Wilhelmina dankt zugunsten ihrer Tochter Juliana ab	1947 Die Bezeichnung Benelux-Länder wird üblich	1946 Unterzeichnung der Charta der Vereinten Nationen
	1948 Zollunion zwischen Belgien, den Niederlanden und Luxemburg	
	1949 Wirtschaftsunion der Benelux-Länder, Beitritt zum Nordatlantikpakt	
	1950 Leopold III. von Belgien verzichtet zugunsten seines Sohnes Baudouin auf den Thron	
	1951 Beitritt der Benelux-Länder zur Montanunion	
1953 nach der großen Januarflut nehmen die Niederländer den Delta-Plan in Angriff		1952 L. wird Sitz der Hohen Behörde der Montanunion
	1957 Beitritt der Benelux-Länder zu EWG und EURATOM	
1958 der Delta-Plan erhält Gesetzeskraft	1958 Brüssel wird Sitz von EWG und EURATOM	
1966 Kronprinzessin Beatrix heiratet den deutschen Diplomaten Klaus von Amsberg	1960 Zoll- und Wirtschaftsunion der Benelux-Länder	
1980 Königin Juliana dankt zugunsten ihrer Tochter Beatrix ab	1960 Zoll- und Wirtschaftsunion der Benelux-Länder	
	1966 Hauptquartier der NATO von Paris nach Brüssel verlegt	1964 Großherzogin Charlotte dankt zugunsten ihres Sohnes Jean ab

Register